Das Matrix Labyrinth

erschienen 11-2017, 1. Auflage
Verlagshaus Schlosser, 85551 Kirchheim
Alle Rechte vorbehalten
Text: Mara Casetta
Umschlag, Layout & Druck: Verlagshaus Schlosser
ISBN: 978-3-96200-024-0
€12,90.-

Das Matrix Labyrinth

Vom Komaleben in den Wachzustand

Von

Mara Casetta

Inhaltsverzeichnis

Vorwort

1. Einführung
2. Intuition vs. System
3. Abtrennung zum Selbst
4. Schmerz und Leid durch Illusionen
5. Erwachen aus dem Tiefschlaf
6. Willkommen in der Matrix
7. Die Anziehungskraft
8. Sich selbst im anderen erkennen
9. Erweiterte Wahrnehmung
10. Der nichts begreifende Verstand
11. Der Spiegel
12. Licht und Schatten
13. Loslassen

Vorwort

Weder verfüge ich auf Planet Erde über vom System ausgestellte Zertifikate oder Abschlüsse im naturwissenschaftlichen Bereich, noch kann ich ein Psychologie Studium nachweisen. Ich bin lediglich Erfahrungswissenschaftlerin, hinterfrage alles und glaube rein gar nichts, was ich nicht selbst am eigenem Leib erfahren habe. Ich bin konventionell gesehen eine Münze mit Fehlprägung, ein Patient, bei welchem die Therapie nicht anschlägt, Schokolade, die ohne angenommene Schablonenform versehentlich und unbemerkt mit in die Pralinenverpackung gerutscht ist und im Supermarktregal landete. Kurz gesagt, ich bin einfach nur eine Immunität gegen das System. Als Kind hat die Programmierung nicht so wirklich funktioniert, mich familiär zum Großteil verschont, nur zu einem kleinen Teil, durch das Schulsystem und die Gesellschaft, prägte sie sich ein, sodass ich sie im jüngsten Erwachsenenalter nach dem Erkennen weitgehend verabschieden konnte.

Meine Hochsensibilität empfand ich erst als Fluch, weil sie mich durch brennende Höllen jagte, später als Segen, weil sie mir den Himmel zeigte und heute sehe ich sie als einen Teil von mir für den ich dankbar bin, weil sie mich prägte und Dinge erkennen ließ, die ein bereits abgestumpfter Mensch nicht mehr einfach so erkennen kann.

Ich kann dir nichts erzählen was du tief in dir vergraben nicht schon weißt, aber ich kann dich mit anderen Perspektiven inspirieren und dich an Dinge erinnern, die vor langer Zeit in Vergessenheit geraten sind. Ich kann dir dabei helfen dich zu enthüllen, Schicht für Schicht abzulegen, bis du zum allumfassenden Kern gelangst. Dir längst nicht mehr greifbare

Weisheit und Gefühle wieder ins Bewusstsein zu führen, darum geht es mir mit diesem Buch.

Nicht jeder ist bereit für das Loslassen alter Glaubenssätze und sich innerlich zu transformieren, jedoch scheint bei dir, weil du dieses Buch gerade in den Händen hältst, der Samen schon gesät zu sein, durch Schmerz und Leid, außergewöhnliche Erlebnisse oder deine eigene Intuition?

Jede im wunderschönen Glanz blühende Blume entstand einst durch einen einzigen kleinen Samen.

Mein Name ist Mara und ich nehme dich mit auf meine Reise in die unbegrenzte Realität.

Noch vor wenigen Jahren, als ich mich fühlte ich wäre kurz vor der Einweisung in die Psychiatrie, weil ich meinen Verstand verliere, da ahnte ich noch nicht, welch eine Wendung und welches Ausmaß ein einziges Leben nehmen kann.

Ich führe dich durch Höhen und Tiefen in Richtung deines wahren Selbst, denn ich bin du und du bist ich, die Getrenntheit ist eine der vielen Illusionen in denen wir leben. Ich möchte dich zum Leben erwecken, denn die meisten Menschen sind schon tot bevor sie irgendwann ihren Körper ablegen. Tauche ein in das größte Geschenk, das du jetzt gerade hast – dein Leben.

1. Einführung

Wenn ich an Vergangenheit denke, schallt der Schmerz noch heute in meiner Seele, jedoch war er mein größtes Geschenk.

Es war der 13. August 2016 und ich war gerade am Aufräumen und Ordnung schaffen als ich in meiner Münchner Wohnung zwischen den einigermaßen geordneten Unterlagen, um irgendwie noch den systematischen Überblick zu behalten, eine alte To Do Liste mit dem Titel "Bevor ich 25 bin möchte ich..." fand, welche ich vor knapp 5 Jahren verfasste. Bei einigen Dingen kann ich bereits einen Haken als erledigt dahinter setzen, wie

- "...eine Amerika Rundreise machen" ✓

und direkt noch dahinter schreiben, dass ich Asien bereits auch noch mitgenommen habe. ✓

Bei anderen Punkten, wie

- "...ein Biologie Studium absolvieren",

da kann ich nur noch mit dem Kopf schütteln, weil ich mich so weit davon entfernt, verändert, weiterentwickelt und transformiert hatte wie eine Raupe zum Schmetterling. Und dann las ich noch diesen einen letzten Punkt, welcher mich bis heute nicht los ließ und mich mitten ins Herz traf, der lautete:

- "...meine innere Welt in die Menschensprache übersetzen"

Genau genommen war es der 12. Dezember 2014 und ich sehe mich noch heute, zwei Jahre später, mit meinen 21 Jahren auf meiner damaligen weißen Ledercouch sitzen, mit etlichen Mathematikformeln vor mir auf dem Tisch liegend, deren Sinn sie zu lösen ich mein ganzes Leben nicht begriff, aber herausgefunden hatte, dass auswendig lernen, ohne etwas dabei zu verstehen, genügt, um in den Prüfungen nicht ganz so abscheulich abzuschneiden. Es waren für mich nur Zahlen. Eine Reihe von Zahlen. Rechnungen aus Zahlen, deren Lösungen auch nur weitere Zahlen ergaben. Was aber sollen diese Zahlen mir sagen? Was bedeutet ein Zahlenergebnis für mich oder mein Leben? Wenn ich Buchstaben summiere, habe ich auch nur mehrere dieser Buchstaben und sie ergeben kein richtiges Wort, welches mir eine Botschaft mitteilen könnte. Ich fand den Sinn einfach nicht. Meine Zeit mit Dingen zu vergeuden, die mich nicht weiter bringen, erschien mir genauso sinnlos und wage wie Jahrzehnte lang Geld anzusparen, wenn ich doch nicht einmal weiß, ob ich morgen noch auf dieser Welt lebe? Ich spürte klar und deutlich Widerstände in mir und dann geschah es, plötzlich wurde mir mit einem Schlag bewusst, dass diese innere Wehr, welche in mir hochkam, unmöglich nur auf die Mathematik zurück zu führen sein kann.

Vor mir ein großer Flachbildschirm, links hingen 64 Taschen an der Wand, rechts der Glückskastanienbaum, den ich mir einmal aus einem Möbelhaus mitgenommen hatte und mittendrin, da war ich.

Ich stellte mir nur eine einzige Frage: "Wie kann man nur so unglücklich sein, obwohl man alles hat?" Ich lebte in dieser wunderschönen Stadtwohnung einer kleinen Großstadt mit allem was dazu gehörte, zwei überfüllte Kleiderschränke im Schlafzimmer, im Flur ein Schuhregal mit 49 Paar High Heels in allen Farben, Formen und Absatzgrößen, welche mir aus meiner Party Zeit übrig geblieben sind. Die Noten in der Oberstufe waren bis auf Ausnahme Mathematik besser, als ich sie mir damals erträumte, als ich zehn Monate zuvor beschloss meinen 40 Stunden Job aufzugeben, einige Zeit bei meinem Bruder in Florida zu verbringen und zusammen mit ihm zu reisen und anschließend noch einmal die Schulbank zu drücken um mein Abitur nachzuholen.

Und das ist auch schon die erste Lüge. Ich kündigte meinen Job nicht, weil ich mein Abitur mit dem Ziel Studium nachholen wollte, nein. Ich kündigte, weil die Alternative nur noch ein 50%iger Sklave zu sein, der weniger Zeit absitzen muss, mir im Jetzt erträglicher erschien, als jemand zu sein, der im Jetzt Vollzeit gefangen ist. Das ist die Wahrheit.

Jahrelang auf etwas hin zu arbeiten, wo der Weg nicht bereits das Glück ist, sondern ein Durchhalten und erst das Ziel das Glück sein soll war für mich schon immer irrational. Ich bin mir sicher, dass ein Weg, der nicht auf Glück basiert, zu keinem glücklichen End-Zustand führen kann. Diese Thematik, dass man hart und überdurchschnittlich viel arbeiten, durchhalten und kämpfen muss, um eines Tages Glück durch Erfolg zu fühlen, halte ich für völligen Humbug und widerspricht sich mit allen Naturgesetzen.

„Erfolg", daraus lässt sich ableiten, dass etwas „folgt". Das Naturgesetz der Resonanz besagt, wenn ich unglücklich bin, ziehe ich noch mehr Dinge an, die mich unglücklich machen und wenn ich glücklich bin, ziehe ich noch mehr Ding an, die mich glücklich machen.

Es ist also genau umgekehrt, wir müssen erst glücklich sein um erfolgreich zu werden.

„Es gibt keinen Weg zum Glück. Glücklich sein ist der Weg." ~Buddha

Ich wollte nie zu den Menschen gehören, die am Sterbebett liegen und all jene Dinge bereuen, die sie nie getan haben, zumal sie es bis ins hohe Alter schaffen. Täglich sterben Menschen an Unfällen oder Krankheiten. Auf die Krankheiten möchte ich erst später in Kapitel 6 eingehen.

Als ich früher normalen Menschen von meinen Ansichten erzählte, nannten sie mich naiv, denn für sie ist es normal nicht zu hinterfragen, alles zu glauben was man ihnen immer erzählt hat und sich unterzuordnen. Es ließ mich lange Zeit glauben, dass mit mir etwas nicht stimme, solange bis ich geistig die Denkschranken endgültig durchbrach und die Komfortzone endgültig verließ.

2. Intuition vs. System

Seit ich denken kann waren alle Pflichten gegen meinen Willen. Ich habe es damals schon verabscheut in den Kindergarten zu gehen und bereits in der Grundschule fühlte sich mein junges Leben wie in einem Halbtags-Gefängnis an. Mein Blick wandte öfter zur Uhr als zu all den anderen Dingen um mich herum, während die Beamten vorne am Pult auch nur über Dinge erzählten, die man ihnen irgendwann erzählte und gelehrt hatte. Schule war wie ein ewiges Warten. Was die Lehrer vorne erzählten habe ich nicht wahrgenommen, mein Blick ging neben der Uhr immer in Richtung Fenster und ich triftete ab, träumte von der weiten Ferne, der großen weiten Welt, welche die Antworten all meiner Fragen bereithält. Wie toll es nur wäre die Welt selbst zu erkunden, anstatt in Bankreihen sitzend aus vorgegebenen manipulierten Lehrbüchern zu lernen.

Ich fühlte mich gefangen und wollte frei sein. Das Einzige, was ich an der Schule mochte, war es, wenn es hieß "Wir schreiben jetzt einen Aufsatz". Schreiben fühlte sich für mich ein ganzes Stück weit an wie Freiheit, denn ich war urplötzlich in einer anderen Dimension und es gab für mich dort keine Zeit und keine Materie mehr. Ich verschwand mit meinem Geist aus dem Raum, wo sich mein Körper befand und war irgendwo anders. Ich konnte für einige Momente, die sich wiederum wie eine Ewigkeit anfühlten, aus diesem tristen niedrig schwingenden Klassenzimmer ausbrechen. Ich war an einem Ort des Friedens, Vertrautheit und Geborgenheit. Leider machten Aufsätze aber nur ein Hundertstel der Gesamtheit in der Schule aus.

Zu meinem Glück war täglich nach der Schule das Funktionieren vorbei. Meine Erziehung war frei. Weder wurden meine

Hausaufgaben, welche ich ohnehin nie erledigte, von meinen Eltern überprüft, noch wurde ich zum Lernen aufgefordert. Ich habe mein ganzes Leben lang noch nie aus vorgegeben Unterlagen gelernt.

Ich verbrachte meine Nachmittage zum Ausgleich in der Natur und fühlte mich ihr stark verbunden. Dass ich am Land aufwuchs, sehe ich heute als einen großen Segen. Ich marschierte durch Wälder, traf mich mit meinen nicht mit dem Auge sichtbaren Freunden, die mich regelmäßig aus dem Abenteuerland an der großen Eiche besuchten, der mit Abstand magischste Ort dieser Gegend. Ein unglaublich breiter Durchmesser, die Wurzeln waren so tief und kraftvoll im Boden verankert und die Äste gingen so weit hoch Richtung Sonne. Ich fand es einfach atemberaubend schön und fühlte unendliche Göttlichkeit bei diesem Baum. Ein Baum ist allgemein so ein aussagekräftiges Symbol der Natur.

An dieser Stelle möchte ich einen Liedtext meines Vaters P.Bard einfügen:

Der alte Baum
Seine krummen Äste sind abgewetzt und alt
und doch fand er vor Jahren am Felsen seinen Halt.
Er schickte seine Wurzeln in Spalten tief hinein
und saugte aus der Tiefe, Leben aus dem Stein.
So wuchs er viele Jahre, hielt jedem Wetter stand
und sah nah und in der Ferne so manchen Weltenbrand.
Sonne, Sturm und Regen gerbten seine Haut
und durch seine Äste zirpte mancher Laut.
Es zog mich oft ganz sachte, an diesen kargen Ort,
als könnt ich dort nur finden, mein Lebens-Lösungswort.
Da saß ich manche Stunde in seelenheiler Ruh`
und sah und hörte schweigend, dem wahren Leben zu
und wenn mich heut` der Alltag, in seiner Scheinwelt hält,
dann denk` ich oft zurück an jene heile Welt
und alle Sorgen schwinden und alle Lasten weichen,
mir ist's als könnte mich der alte Baum erreichen.
So sind auch meine Haare jetzt silbergrau und alt
und doch fand ich im Leben, meinen festen Halt.
Ich schickte mein Empfinden in innigliches Sein
und spür` in tiefster Ruhe, den Ursprung ewig rein.
Was ankert in der Erde und doch zum Licht sich neigt,
wird guten Rat uns geben wie dieses Beispiel zeigt.
D`rum schaffe dir im Leben ein festes Fundament
als Basis für die Reise hinauf zum Firmament.

Mein Fußball hieß Jonny und meine beste Freundin, die andere auch nicht sehen bzw. wahrnehmen konnten, war Amelie. Die Erwachsenen nannten meine Freunde "Fantasie".

Oftmals packte ich zuhause hochmotiviert einen Rucksack voll mit Nahrung, einer Taschenlampe, einem Taschenmesser, Papier und Stiften und entschloss mich ins Abenteuerland zu reisen, aber leider fand ich im Wald nie das Tunnel, durch das man dorthin gelangt, deshalb kehrte ich bei Dämmerung immer zurück nachhause.

Ich wurde schon damals zur Nachteule. Lange wach zu bleiben erschien mir die bessere Variante zu sein als zu schlafen, weil wenn man dann aufwacht ist ja schon wieder der nächste Morgen und man muss sich für die Schule fertig machen.

Diesen ewigen Kreislauf wollte ich wenigsten an den angenehmen Stellen ausdehnen. Außerdem spürte ich zur späteren Stunden eine Magie. Den Mond? Ich weiß es bis heute nicht genau, aber meine Frequenz zu einer beruhigenden Quelle, diesem Ort von dem ich nicht wusste wo er sich befindet, war so viel besser als tagsüber. Ich war wie in Trance und fühlte eine Art Verbindung zu mir selbst, ich spürte mich selbst. Meine Theorie als Kind dazu war, dass wenn nachts alle schlafen, keine anderen ausgesendeten Gedanken der Menschen mehr in der Luft sind, welche meine Frequenz zu dieser magischen Schöpferquelle stören.

Mein Lichtblick und meine Rettung waren die Ferien, doch jedes mal als sie zu Ende gingen, löste dies erste Depressionen in mir aus. Kindheitsdepressionen. Am Allerschlimmsten war es nach den Sommerferien, die waren angenehme sechs Wochen lang, man war wieder resettet und des Seins verbunden, doch wurde dann wieder rausgerissen, sodass man eben nicht mehr sein konnte und wieder zur traurigen Marionette wurde, aufgehängt an Seilen. Das eine Seil hieß Zeit, das andere Seil hieß Pflicht. Es gab wohl mehrere Pflicht- und Zeitseile, an denen ich hing und die mich ständig bewegten. Wie gerne hätte ich diese mich fesselnden Seile mit der Schere einfach durchtrennt und wäre fortgelaufen.

Dennoch wusste ich aber damals schon, dass ich nicht grundlos gerade da bin wo ich bin und dass irgendetwas mich so lange hier behält, aber mich auch beschützt, wie nötig.

Dies wurde mir insbesondere nach meiner ersten außerkörperlichen Nahtoderfahrung deutlich klar, an die ich mich noch ganz genau, als wäre es erst gestern gewesen, erinnere und welche ich niemals vergessen werde.

Ich war sieben Jahre alt als ich den ganzen Nachmittag damit verbrachte auf meinem Fahrrad Kunststücke zu üben, während ich gleichzeitig Berge hinunter sauste. Als ich zum Abendbrot nachhause fuhr, stellte ich das Fahrrad rasch im Hof ab, schnallte meinen roten Helm auf und legte ihn in Eile beim hinauf laufen einfach auf der scharfkantigen Treppe einer Stufe ab.

Nach dem Abendbrot forderte mich mein Vater auf mein Fahrrad in die Garage zu bringen, denn er hatte immer Bedenken, dass man unsere Fahrräder stehlen könnte. Er begleitete mich mit dem Garagenschlüssel zur Haustür hinaus, ich stolperte vor seinen Augen oben an der Treppe über meine eigenen Beine, machte einen Salto in der Luft, sah um mich herum nur noch Helligkeit für einen Moment, der sich anfühlte wie eine Ewigkeit und sah mich im nächsten sich zeitlos anfühlenden Moment plötzlich aus einer außenstehenden Perspektive wie ich mit meinem Kopf in den vorher abgelegten Helm falle und mit beiden Beinen wieder auf den Boden aufkomme. In diesen zwei kurzen Momenten, die ich in der Luft verbrachte, war ich nicht in meinem Körper, es war als wäre ich aus meinem Körper herausgetreten und lenkte von oben die Fallrichtung. Ich nahm bewusst wahr, dass ich gerade eine andere „Person" bzw. etwas anderes war.

Ich wusste damals schon, dass dies kein Zufall sein kann...

Die Chance mit dem Kopf in einen Helm zu fallen ist 1:7869507658076854076875480786057468905476805487063876803786957. Tausend Mal wahrscheinlicher wäre es gewesen mit dem Kopf aus 4 Metern Höhe auf die scharfkantigen Steine zu prallen.

Damals habe ich dieses Erlebnis noch nicht ganz verstanden. Etwas nicht VERSTANDen zu haben, bedeutet nur, dass man gar nicht erst versucht, dies mit dem Verstand verstehen zu wollen. Für mich war nur klar, ich war gerade nicht mehr in meinem Körper, weil ich für einen kurzen Moment, der sich in die Ewigkeit ausdehnte, raus musste um von oben wie mein eigener Schutzengel die Fallrichtung zu lenken. Ich wusste danach nicht einmal mehr, was die Bezeichnung „Ich" bedeutet oder wer „ich" bin, wenn „ich" doch gerade jemand/etwas Anderes war.

Diese Erfahrung verschaffte mir ein unglaubliches Selbstvertrauen, denn sie zeigte mir, ich kann mir wirklich selbst vertrauen, dass mir nichts Schlimmes passiert, denn ich kann mich zerteilen und bin zur Stelle. Ich bin kein einzelnes gefangenes Teil in einem Menschenkörper, sondern ich bin millionenfach teilbar und ich bin überall. Damals begriff ich das einfach (noch). Ich kann dem Leben vertrauen, ich kann dem Fluss vertrauen, ich kann dem Weg vertrauen, ich kann mir selbst vertrauen, mir wird nichts passieren. Das waren damals keine großartigen Gedanken, das war vorhandene innere Weisheit...

3. Abtrennung zum Selbst

Ich glaube meine Kindheit endete mit dreizehn Jahren. Damit meine ich, dass es dem System nach dreizehn Jahren Arbeit gelungen war, mich komplett meines wahren Seins zu berauben und mich in einen Systemdenker umzuprogrammieren. In meinem Kopf war es nach dem 1 Millionsten Mal gehört zu haben, dass man später einmal arbeiten muss, angekommen. Wenn man einem Menschen immer und immer wieder das Gleiche erzählt, wird er es irgendwann glauben.

So fing ich also auch an zu glauben, dass das was ich in meiner Kindheit gesehen und wahrgenommen hatte, auf eine „Fantasie" zurück zu führen sei. Das Wort Fantasie wurde ebenfalls, wie Wörter wie Gott und Liebe, missbraucht. Damit meine ich, dass es sich in der Bedeutung verändert hat. Die Änderung des Wortes besagt, dass Fantasie etwas sei, daß es in Wahrheit gar nicht gibt.

Ich habe dann allmählich vergessen wie ich meine Welt früher gesehen hatte und was ich dabei in meinem Herzen gefühlt hatte. Ich verlor den sozialen Kontakt zu meinen Freunden aus dem Abenteuerland, weil ich angefangen habe zu glauben, sie existieren nicht und hatten auch niemals existiert, weil man mir einredete, dass es solch ein Tunnel zu ihnen nicht gibt. Parallel fing ich an zu vergessen, was ich in meiner frühesten Kindheit noch wusste, wie zum Beispiel, dass es viele Dimensionen, Welten und Wesen gibt. Stattdessen lernte ich, dass es psychologische Zeit gibt, sie mein Boss ist und ich mich nach ihr richten muss. Sie war mein größter Feind, neben den Pflichten.

Als ich die Schule beendete und gezwungenermaßen eine Ausbildung antritt, wo sich der Gefängnisaufenthalt nochmal um einiges verlängerte, riss der letzte dünne Faden zu meiner Quelle ab und meine einst farbige Welt ergraute.

Das einzige Glück war meine damalige beste Freundin und Banknachbarin in der Berufsschule. Zusammen in der letzten Reihe waren wir immer abwesend vom Unterricht, philosophierten, rätselten über das Leben und träumten von großen Dingen. Sie war wohl die erste Seelenverwandte, der ich in meinem Leben begegnete.

Gegen Ende unserer Ausbildung machten wir in der Klasse einen Stuhlkreis. Unsere Lehrerin forderte uns auf der Reihe nach zu erzählen, was wir nach der Ausbildung machen möchten. Alle berichteten von Weiterbildung oder dem Arbeiten in diesem oder jenem Institut, aber als meine beste Freundin und ich an der Reihe waren, erzählten wir freudig, wir wollen nach der Ausbildung erst einmal mit dem Schiff um die Welt segeln. Während wir dies bitterernst meinten, wurde unsere Lehrerin wütend und erzählte es ihren Kolleginnen bis hin zur Schulpsychologin, welche uns dann nach wenigen Tagen zu einem Gespräch bat. Die Lehrerin war sehr konservativ eingestellt und verbittert, zum Lachen ging sie in den Keller.

Meine Seelenfreundin und ich waren absolute Momentleber. Lernen kam für uns nie in Frage und dennoch hatten wir bessere Zensuren als der Großteil. Am Tag vor unserer Abschlussprüfung, für welche andere Monate zuvor mit dem Pauken begannen, saßen wir auf dem Balkon meiner besten Freundin, erkannten, dass ein Tag vorher mit dem Lernen zu beginnen uns nun auch nichts mehr bringen würde und stießen lebensfroh mit einem eisgekühlten Radler in der Sonne einfach auf das Leben an.

Erfolgreich schnitten wir ab und erhielten einwandfreie Zeugnisse. Mein Schnitt von 2,1 ohne zu pauken war mir mehr wert und erschien mir sinnvoller als Jahre zu pauken nur um 1,0 auf einem Papier stehen zu haben. Die Zeit war für mich das Wertvollste, wogegen Leistung und Geld nicht annähernd ankamen.

Das Hauptprüfungsfach Pädagogik/Psychologie fand ich genial, denn Fallbeispiele zu analysieren und Thesen zu erfassen hatte für mich mehr mit Menschenkenntnis, Empathie, Improvisation und Kreativität zu tun, als anhand von verschiedenen Stichpunkten, welche man auswendig lernt, zu erkennen, welche anderen auswendig gelernten Thesen man einsetzen soll. Außerdem gibt es anders wie in der Mathematik immer mehrere Lösungen.

Ich saß da also mit diesem Unverständnis inmitten des Wohnzimmers vor den Mathematik Formeln mit der Frage was denn nur los sei und weil ich absolut keine andere Antwort darauf fand, als dass ich anfange vollkommen verrückt zu werden, ein Alien sei und versehentlich auf Planet Erde gelandet sei, brach in Tränen aus wie noch nie zuvor in meinem Leben. Aus mir kam ein Fluss von Tränen, welche einen ganzen Swimmingpool hätten füllen können. Ich sank zu Boden, regungslos verweilte ich dort fast zwei Stunden mit weiteren Fragen:

„Warum finden andere die Welt in Ordnung so wie sie ist?"

„Warum finden sie es in Ordnung funktionieren zu müssen?"

„Warum kann ich mich damit nicht abfinden?"

„Bin ich zu instabil für Planet Erde?"

„Was stimmt mit mir nicht?"

Irgendwann konnte ich nicht mehr denken und spürte Leere. Mein Ego war zu erschöpft. Ich raffte mich auf, ging zu Bett und schlief sofort ein.

4. Schmerz und Leid durch Illusionen

Als ich dann am nächsten Wintermorgen, einem sonnigen Samstag, erwachte, ist mir das Buch "Heile dich selbst" vom bekannten in Deutschland geborenen Rohköstler Markus Rothkranz, welcher in die USA auswanderte, in meinem Bücherregal ins Auge gestochen. Dies hatte ich mir kurze Zeit vorher bestellt, da ich mich schon einige Jahre zuvor für die menschliche Biologie und Ernährung anfing zu interessieren, nachdem ich durch den Verlust einer leidvollen illusorischen Liebe zu einem Mann, welcher aus meinem Leben verschwand, zu dem Entschluss kam, dass es weder Liebe noch eine Seele geben kann und alles was wir sind, ein Produkt aus Zellen sei.

Kai war damals mein Leben. Nie zuvor hatte ich mich so in einem Menschen verloren. Mit Liebe hatte dies im Nachhinein betrachtet nichts zu tun, sondern es war eher ein sich

VER-lieben,

VER-lieren,

und

VER-irren.

Weg von mir selbst.

Über viele Jahre hinweg gab es eine intensive Verbindung zwischen uns, welche sogar während meiner ersten Matrix Flucht mit 18 Jahren durch E-Mail Kontakt stand hielt.

Zusammen mit meiner damaligen Seelengefährtin aus der Berufsschule brach ich nach dem Abschluss unserer Ausbildung zwar nicht zur Segelboot Weltreise, dafür aber zur kanarischen Insel nach Teneriffa auf. Ein Jahr wollten wir weg, doch schon nach drei Monaten holte uns das System wieder ein und wir waren neun Monate früher zurück als eigentlich gedacht.

Mitanzusehen und bewusst wahrzunehmen wie er sich nach und nach aus meiner Welt entfernt, war schon eine unglaublich schmerzhafte Desillusionierung. Heute trauere ich natürlich nicht mehr darum, schreibe die Zeilen sogar mit einem Lächeln, damals jedoch brachen Welten bzw. Illusionen in mir zusammen.

Ich habe aufgehört zu sprechen, zu lachen, zu essen, ich weinte fast jeden Abend. Ich habe gewartet und gewartet auf die Rückkehr bis ich nach langer Zeit des Leidens begriff, dass er nicht mehr zurückkehren wird und ich mich endlich aus dem gedanklichen Aufenthalt in der Vergangenheit befreien konnte.

Der Tag an dem ich verstanden habe, dass ich die Illusion nicht retten konnte........war der schmerzvollste und zugleich erlösendste Tag meiner bisherigen Laufbahn.

Schmerzvoll, weil all meine illusorische Liebe und die Hoffnung, die sich all die Jahre summiert hatte, wie ein Luftballon zerplatze.

Erlösend, weil ich den schlimmsten Moment meines Lebens hinter mir hatte und dennoch Puls fühlte.

Das Gute daran die Illusion verloren zu haben, war die Angst verloren zu haben, sie zu verlieren. Der Tag an dem ich verstanden habe, dass ich die Illusion nicht retten konnte, war der Tag am dem ich aufhörte in der heilen Märchenwelt zu leben.

Das Märchenschloß ist eingestürzt und ich beseitigte Tag für Tag die 1 Million Steine und versuchte etwas Neues daraus zu bauen.

Der Tag an dem ich verstanden habe, dass ich die Illusion nicht retten konnte, war der Tag, der mich stärker machte, als ich es jemals war.

Ungeahnte Energie setzte sich frei, zu der ich während all der Zeit keinen Zugriff hatte. Hätte ich eher von dieser universellen Lebenskraft gewusst...

Doch da war Angst im Meer von Tränen zu ertrinken.

Der Tag an dem ich verstanden habe, dass ich die Illusion nicht retten konnte, ließ alle Farben aus dem ausgemalten Märchenmalbuch verblassen und letztendlich ergrauen.

Der Tag an dem ich verstanden habe, dass ich die Illusion nicht retten konnte, war der Tag an dem mein Herz eingefroren ist.

Ich danke diesem Schutzmechanismus, denn eingefrorene Dinge gehen nicht kaputt und somit war es beruhigend mein Fühlorgan im Starr zu wissen.

Ich wusste, es wird auftauen zur richtigen Zeit am richtigen Ort beim richtigen Grad.

Der Tag an dem ich verstanden habe, dass ich die Illusion nicht retten konnte, war der Tag an dem ich begriffen habe, dass jeder seinen individuellen Weg verfolgen muss.

Der Tag an dem ich verstanden habe, dass ich die Illusion nicht retten konnte, ließ mein Ego schrumpfen und mein wahres Selbst wachsen.

Der Tag am dem ich verstanden habe, dass ich die Illusion nicht retten konnte, war der Tag an dem ich aufgehört habe zu warten und von jetzt auf gleich die Gegenwart wieder zulassen konnte, ohne Widerstand.

Der Tag an dem ich verstanden habe, dass ich die Illusion nicht retten konnte, war der Tag, der mich mit unter anderem zu der Person machte, die ich heute bin.

Ich fühle unendliche Dankbarkeit.

Ich begann zu fasten. Es half mir so sehr, es reinigt nicht nur Körper, sondern auch den kompletten Geist und die Seele von Trauer und Schmerz, so empfand ich. Dadurch spürte ich erst wieder, dass es neben meiner physischen Existenz doch noch einen Geist und eine Seele gibt. Seither aß ich auch keine tierischen Produkte mehr.

Als ich anfing das "Heile dich selbst" Buch zu lesen, war ich gleich wieder motiviert komplett auf Rohkost umzusteigen. Ich machte mir täglich meine Bananen Smoothies, aß viel Obst und abends meist grüne Salate. In der Schule verschlang ich immer sieben bis acht Bananen und am Flussufer der Stadt löffelte ich eine ganze Melone aus oder biss genüsslich direkt von einer Gurke ab, was natürlich immer Blicke anzog, aber es war mir vollkommen egal geworden.

Wenn man eine Sache von Herzen gerne macht, so lernte ich, kann man diese mit wahnsinnigem Selbstbewusstsein vertreten und wenn Menschen sehen, wie überzeugt du von dem was du tust auch wirklich bist, finden sie es gar nicht mehr so albern.

Du bist, was du denkst,

was du denkst, strahlst du aus

und was du ausstrahlst, ziehst du in dein Leben.

Kurze Zeit später fühlte ich mich schon so viel besser. Ich fand unglaublichen Spaß an dieser Art der Ernährung und das Zubereiten von Rohkost wurde zu meinem größten Hobby und hatte höchste Priorität in meinem Leben.

Schule wurde somit zweitrangig. In meiner Küche, welche einer Früchtefabrik glich, stand eine riesiger Saftpresse, der fast täglich zum Einsatz kam. Ich presste meine Säfte, meine Lieblingskombination war Apfel-Ingwer Saft oder auch purer Orangensaft.

Ich bereitete auch sehr viel "Nicecream" zu, eine rohköstliche Eiscreme, dafür hatte ich einen Mixer.

Meine Lieblingsnicecream war mit Abstand Schokonicecream.

Zutaten:

5 Bananen

1 gehäufter EL rohes Kakaopulver

150 ml Wasser

Zubereitung:

Man schneidet geschälte Bananen in Stücke und gibt diese in das Tiefkühlfach.

Die gefrorenen Bananen, den gehäuften EL rohes Kakaopulver und die 150 ml Wasser gibt man in den Mixer – fertig ist das Schokoladeneis!

Man kann auch Erdbeernicecream machen, indem man statt Kakaopulver ungefrorene frische Erdbeeren hinzugibt und die 150 ml Wasser weglässt, da die Erdbeeren ausreichend wasserhaltig sind um die Konsistenz einer Eiscreme zu erhalten. Himbeer- und Heidelbeernicecream ist auch sehr empfehlenswert.

Rohkost war mehr als einfach nur roh zu essen. Es war die Zubereitung, die mich faszinierte.

Ich erstellte auch meine eigene rohe dunkle Schokolade, die besser schmeckt als jede herkömmliche Schokolade.

Zutaten:

2 gehäufte EL Kokosnussfett

1 gehäufter EL rohes Kakaopulver

4 Datteln

Zubereitung:

Das Kokosnussfett in der Sonne oder unter 42 Grad schonend im Topf erhitzen.

Das geschmolzene Kokosnussfett, das rohe Kakaopulver und die Datteln in den Mixer geben.

Die flüssige Substanz in eine Schokoladenschablonenform oder einfach auf einen flachen Teller gießen und in das Gefrierfach oder in den Kühlschrank stellen. Nach 30 Minuten ist die köstliche Rohkostschokolade fertig.

Guten Appetit!

Ich installierte mir zum ersten Mal die App Instagram auf meinem Smartphone. Dort teilte ich meine rohe Nahrung und bemerkte schnell, dass Ernährung ein weit verbreitetes Interesse aller Altersstufen weltweit ist.

Als der Wunsch nach Gleichgesinnten in mir hochkam, beschloss ich mich auch wieder bei Facebook anzumelden, wo ich meinen Account einige Zeit still gelegt hatte, denn bis auf den Kontakt in der Schule isolierte ich mich komplett von der Außenwelt, verabschiedete alte Partyfreunde und war Tag ein Tag aus für mich alleine in meiner Wohnung zusammen mit den Schulunterlagen, aus denen ich immer fleißig gelernt habe um das 50%ige Sklavenleben mit dem 100%igen Sklavenleben vorerst nicht mehr eintauschen zu müssen.

Wie durch ein Wunder traf ich virtuell auf Mimmy, eine Rohköstlerin, welche gar nicht so weit weg von mir entfernt wohnte und auch noch nicht so alt war, wie man es von den restlichen wenigen Rohköstlern damals kannte. Das Tolle war, dass wir nicht nur beide absolute Rohkost Fans waren, sondern als ich Mimmy meine Gefühle gegenüber der Welt offenbarte, sie ähnlich dachte. Wir schrieben täglich als ich von der Schule nachhause kam bis in die späte Nacht hinein und sie machte mir in kürzester Zeit klar, dass ich gar kein, wie ich damals dachte, Alien bin, sondern die Gesellschaft nicht "normal" ist.

Das waren so viele Informationen, die konnte ich gar nicht alle auf einmal aufnehmen bzw. verarbeiten. Wenn die Welt wirklich nicht normal sei, würde das bedeuten, ich hätte die bisherige Zeit meines Lebens in einer falschen Realität gelebt? In einem falschen Glauben? In einer Illusion? Es würde bedeuten, dass so viele Menschen um mich herum in einer falschen Welt leben ohne es zu wissen. Es würde bedeuten, dass meine inneren Gefühle eine Begründung hätten. Eine Begründung, auf die ich so lange gewartet hatte und ich zudem nicht einmal geahnt hatte, dass der Fehler nicht ich, sondern die Gesellschaft bzw. das System, welche die Gesellschaft zu dem macht was sie ist, sei. Das wäre ja für mich damals eine Wahrscheinlichkeit von 1:65794867657594867 gewesen, da so viele Leute um mich herum scheinbar mit dieser Welt klarkamen und diese nicht in Frage stellten.

Ich lernte, dass Normalität nur eine Art Synonym von Mehrzahl ist, aber dies noch lange nicht heißt, dass die Mehrzahl richtig ist. Wenn einer an der Kreuzung falsch abbiegt, biegen zehn weitere Autofahrer auch falsch ab. Deshalb aber ist es noch lange nicht richtig.

Tausend Gedanken, Erlebnisse, Bilder und Gefühle schossen beinahe zeitgleich wie ein zusammengefügter Film durch meinen Kopf und ich begann zum ersten Mal mein Leben aus einem ganz anderen neuen Blickwinkel zu reflektieren.

Virtuell traf ich auf immer mehr Menschen, die alle Aussagen wie Mimmy machten und so wie ich nicht waren wie die Masse. Ich war erstaunt, beinahe wie vom Blitz getroffen. Immerhin dachte ich mein ganzes Leben lang ich wäre die Einzige, die sich mit dem Gesellschaftssystem nicht identifizieren kann und unfähig sei sich diesem unterzuordnen. Doch das war ich nicht, ich war es lediglich hier in meiner Komfortzone.

Ich verbrachte meine komplette Kindheit auf einem konservativen katholischen Dorf, wo mein Lippenpiercing schon für einen Skandal sorgte und als ich zu meiner Volljährigkeit in eine 150.000 Einwohner Stadt zog, war dies zwar eine große Erleichterung, doch auf Gleichgesinnte bin ich nie gestoßen. Währenddessen betäubte ich mich an den Wochenenden mit dröhnender Partymusik und Alkohol. Weißmehlprodukte, Zigaretten, weißer Industriezucker, fluoridhaltige Zahncreme, chemische Pflegeprodukte, hormonhaltige Milchprodukte und Abfallsalz für 19,00 Cent aus dem Supermarkt waren konstant in meinem Alltag integriert. So wie es eben bei den „Normalen", der Mehrheit, der Fall ist.

Ich habe immer nur für das Wochenende gelebt. Der Donnerstag war ein guter Tag, denn da erschien bereits der Lichtblick auf das Wochenende. Freitag war mein Lieblingstag. Samstag war in Ordnung, denn darauf folgte ja schon wieder der Sonntag. Der Sonntag, also der Tag bevor die ganze Qual wieder von vorne losging, versetzte mich in Depressionen, welche immer durchgehend bis zum Mittwoch anhielten. Und so ging das Tag für Tag, Woche für Woche, Monat für Monat und Jahr für Jahr. Ein Kreislauf. Ein scheinbar endloser Kreislauf, an den ich mich einfach nicht gewöhnen konnte. Die Intensität der Qual ließ einfach nicht nach, im Gegenteil, sie nahm immer mehr zu.

Durch den Umschwung vom 40 Stunden Job zur Halbtagsschule hatte sich dieses qualvolle innere Gefühl zwar schon gesenkt, denn da konnte ich mich wenigstens auf die Nachmittage freuen. Frei Nachmittage, was das einfach nur für einen Wert hat. Man konnte am selben Tag noch wieder regenerieren. Wundervoll. Das hat mir viel geholfen und am Anfang, als ich wieder Schüler war, schwebte ich förmlich vor Glück, doch irgendwann wurde auch daraus ein Trott, der Stoff wurde im Laufe des Jahres immer mehr und mehr, sodass auch die Nachmittage mit Pflichten gut bedeckt waren. Außerdem wurde dieser fehlende Sinn hinter der ganzen Sache immer stärker und auch dieses Fehl am Platz auf Planet Erde Gefühl immer intensiver.

Ich fing an immer mehr und mehr Kontakte mit bewussten Menschen zu knüpfen. Ich entdeckte Leute auf Instagram, die auch vegan lebten und fühlte mich plötzlich gar nicht mehr so alleine. Diese Leute, auch wenn ich sie teilweise nur verfolgte, gaben mir einfach nur durch ihre Existenz einen richtigen Schub an Kraft. Einen Kraftschub, der mich quasi rettete.

Ich stellte fest, dass ich gar kein Alien war und dass es Leute wie mich überall gibt, nur kannte ich sie bis dato nicht. Ich wusste nichts von ihnen und war durch meine gegebenen Denkschranken noch nicht fähig sie direkt in mein Leben zu ziehen.

5. Erwachen aus dem Tiefschlaf

Es wurde Sommer, das Schuljahr neigte sich dem Ende zu, die Prüfungen, der Stoff und der Druck schrumpften enorm. Die Tage wurden länger. Die Stadt erhellte im Sonnenglanz. Das Leben wurde von Tag zu Tag intensiver, weil die Wahrnehmung sich so sehr veränderte und stärker wurde. Plötzlich fing ich an die Umrisse der Gebäude wahrzunehmen, ich entdeckte eine Blume am Straßenrand zwischen dem Pflaster hervorsprießen und der Anblick dieser Naturschönheit versetzte mich ins Staunen. Es waren die kleinen Details, die das Leben intensiver machten. Es war der Blick, der die wesentlichen Dinge einfangen konnte und sich gleichzeitig vom Unwesentlichen abwandte. Trotz der atemberaubenden Intensität meiner Wahrnehmung machte mir das auch Angst. Es war eine Ebene, die ich zuvor nicht kannte. Es war neu, fremd und so anders.

Und dann hatte ich dieses eine Erlebnis...

Ich saß auf der Treppe im Innenhof. Ich saß da einfach nur. Ich habe nichts gemacht und an nichts gedacht.

Als ich dann aufgestanden bin ohne zu wissen wie lange ich überhaupt auf dieser Treppe gesessen habe, erschrak ich. Ich fragte mich, wo ich gerade gedanklich war und woran ich dachte. Fragen wie

„Bin ich da gerade gesessen und habe an nichts gedacht?

Was ist hier los?

Hat mein Gehirn nun Aussetzer?

Werde ich verrückt?

Was passiert mit mir?

Ist das der Beginn von Alzheimer im jungen Alter von 22 Jahren?"

schossen mir durch den Kopf.

Es dauerte Wochen bis ich realisierte, dass ich nicht geistig krank werde, sondern dass es außerhalb unserer Gedanken auch noch einen anderen Zustand gibt, der Zustand des SEINS. Ein Zustand fernab von Raum und Zeit. Ein Zustand, welchen unser Verstand nicht erfassen kann, sondern nur unser wahres Selbst fühlen kann.

Ich fing an zu verstehen, dass ich nicht mein Verstand war, nicht bin und auch niemals sein werde. Ich bin diese andere Gestalt in mir und zugleich außerhalb meines Körpers. Ich bin diese Tiefe und gleichzeitig diese Weite Ich bin diese Stille, dieses einzigartige mit der Quelle verbundene friedliche Selbst.

Durch diese Erkenntnis konnte ich mir nach sieben Monaten auch endlich die Fragen, warum ich so unglücklich bin, beantworten, welche ich mir damals am 12. Dezember 2014 verzweifelt und voller Verständnislosigkeit, stellte. Die Antwort lautete: „Ich hatte die Verbindung zu mir selbst verloren. Ich wurde zum Opfer meines Verstands, ich identifizierte mich mit ihm. Ich vergaß wer ich wirklich war.

Ich war der Kern irgendwo da tief in mir drin, doch umschichtet von sämtlichen Glaubenssätzen, Prägungen, Mustern, Illusionen und Gedanken. Zugleich war ich außerhalb meines Körpers ebenso von Existenz. Ich war alles. Ich war Teil von allem was existiert.

Es war ein Blitzlicht, ein Erwachen aus dem Koma und ein Bewusstwerden darüber, dass mein ganzes bisheriges Leben nur in einer Illusion stattfand.

Wie vom Blitz getroffen und erstarrt war ich durch diese Erkenntnis. Überflutet von Gefühlen der Göttlichkeit und ebenso geschockt und ich wusste nicht wie ernst ich all das um mich herum noch nehmen kann. Auf der einen Seite war es die größte Erlösung meines Lebens, auf der anderen Seite hingegen ein unglaublich großer Schock. „Leben um mich herum tatsächlich tausende Menschen, in einem gefangenen Verstand, so wie ich es tat, ohne es zu wissen? Konnte ich mich soeben befreien und tausende von Seelen sind noch in dem illusorischen Leben gefangen?", fragte ich mich.

Ich durchbrach mit einem Mal meine Denkschranken. Ich fühlte mich wie in frühester Kindheit und in mir kamen auch Gefühle der Vertrautheit hoch, welche ich knapp 15 Jahre nicht mehr fähig war zu fühlen. Es waren Sekundenbrüche, die alles in mir veränderten bzw. mich aus einem knapp 15-jährigen Tiefschlaf holten, welcher mir in diesen Momenten nur noch wie ein einziger Tag vorkam. Ich entwickelte zugleich ein völlig anderes Zeitempfinden und fragte mich dadurch was Zeit überhaupt sein soll. Ich fühlte mich plötzlich so zeitlos.

Ich nahm mir vor die Menschen aufzuwecken um sie zu befreien, jedoch ging diese gut gemeinte Mission total nach hinten los und ich musste einsehen, dass eine Seele nur aufwachen kann, wenn sie dazu bereit ist.

Ich hatte sechs Wochen Sommerferien und bis auf ein kurzer Trip nach Frankreich zu einem Rohkosttreffen und das von Mimmy und mir organisierte Rohkost Picknick in meiner Heimatstadt, lebte ich in Stille zuhause. Ich verbrachte wirklich all diese

Wochen ganz alleine. Ich war so bei mir, so klar wie nie, ich genoss diesen Sein-Zustand so sehr, denn er fühlte sich göttlich an. Ich spürte die Verbindung zur Quelle. Mir ging es sehr gut dabei. Ich war alles andere als einsam.
Gegen Ende meiner Ferien reiste ich dann noch zusammen mit meinem Vater nach Tschechien, wo wir campten und den ganzen Tag auf dem Wasser segelten. Wir schwiegen, ließen uns treiben und betrachteten abends stundenlang gemeinsam den Sonnenuntergang, das Abendrot über dem weiten See und den darauf folgenden Sternenhimmel.

Stille und die Vereinigung mit der Natur half mir so sehr mich immer mehr und mehr zu spüren, mir immer klarer und noch klarer zu werden und irgendwann erschien mir alles glasklar.

Rasend schnell löste sich mein Vorsatz und Wunsch das allerletzte Schuljahr zu beenden in Luft auf. Mein Inneres wehrte sich dagegen und ich war in einem Konflikt mit meiner Seele und meinem Verstand. Es war eine mächtige Konfrontation zwischen alten Glaubenssätzen und innerer Stimme, der Intuition.

Zu Beginn des neuen Schuljahres musste ich mich zwischen dem Ernährungs-und Gesundheitszweig und dem Sozialzweig entscheiden. Mein Interesse der Ernährung gegenüber war damals so stark, dass ich mich für den Sozialzweig entschied. Ich hätte es nicht ertragen mir Schulstoff, vorgegeben vom Innenministerium, dies in der Hand der Elite, in mir aufzunehmen, da ich ja längst verstand, dass die deutsche Gesundheitspyramide nichts mit Wahrheiten zu tun hat. Ich fühlte mich im Konflikt zwischen Matrix und Selbstforschung.

Manchmal denke ich mir, es ist vielleicht einfacher, wenn man sich nie Gedanken über das Leben und die Wahrheit macht und die Zusammenhänge des Systems gar nicht erst erkennt, dann geht das alles viel einfacher ohne Widerstände. Andererseits würde ich niemals tauschen wollen und möchte dem System keine Kraft geben, was ich mit meinem Unterwerfen tun würde.

Im November war es dann so weit. Ich kündigte meine geliebte Wohnung, meldete mich von der Schule ab und machte mich zusammen mit einer Bekannten auf ins Früchteparadies nach Thailand.

Auf einer thailändischen spirituell angehauchten Insel ernährte ich mich nur von den tropischen sonnengereiften Früchten, verbrachte Zeit am und im Meer, wanderte durch den Kokosnussdschungel und **war** einfach nur.

Ich merkte wie die einst Gleichgesinnten die vorab besprochenen Visionen wie gemeinsam in den Tropen zu arbeiten völlig vergaßen und sich mit der Rohkost gegenseitig hoch geschwungen hatten. Wie abwertend sie über „Allesesser" sprachen und so sehr von ihrem Weg überzeugt waren, dass sie sehr intolerant wurden, was mir so gar nicht gefiel. Sie bezeichneten Fleischesser als „Zombies" und sagten sie seien „vergiftet". Sie hatten auch regelmäßig eigene Vergiftungen, wenn sie mal ein Stück gehaltvolle Rohkostschokolade verzehrten oder zu viel „fettiges" Leinsamendressing am Salat war.

Gedanken spielen dabei eine große Rolle. Wenn ich denke, dass mich etwas Salz oder etwas Fett aus dem Leben wirft, dann wird es wohl auch so kommen.

Ich wandte mich schnell ab und machte dicht. Wir alle waren auf der Suche nach der Wahrheit, jedoch kann ich heute sagen, es gibt nicht die eine Wahrheit. Es gibt einfach nur hunderte Wege und nichts ist richtig oder falsch. Es gibt einfach nur Wege,

Perspektiven und Empfinden des eigenen Individuums.

Es gibt Menschen, die schwingen im Geiste ein Vielfaches höher als „reine" Rohköstler und sind bewusster, tolerant, etc.

Alles was zu sehr in eine Richtung geht bzw. was alles andere ausschließt, kann nicht gut sein. Was wir brauchen ist Balance. Gleichgewicht ist heute ein wichtiges Wort für mich.

Ja, es ist wirklich eine Tatsache, dass man sich durch rohe natürliche Nahrung hoch schwingen kann und völlig abheben kann, weil diese Nahrung kaum Stimulanzien enthält und reinigend wirkt, jedoch kam ich zu der Erkenntnis, dass es nicht meine Bestimmung ist mich auf Planet Erde so hoch zu schwingen und es absolut gar keinen Sinn für mich macht, mich jahrelang zu reinigen. Zudem muss ich auch sagen, dass es einen großen Unterschied zwischen dem Abheben durch Rohkost und wirklichem Bewusstsein gibt. Bewusstsein ist eine innere Entwicklung und Wahrnehmung. Natürlich hilft eine saubere Ernährung, aber sie ist nur ein kleiner Teil und es reicht völlig aus auf die schlimmsten Gifte wie weißen Industriezucker, Fertiggerichte, Weißmehl, Jodsalz und tierische hormonhaltige Lebensmittel zu verzichten, zudem noch Fluorid, welches reichlich in unseren Zahnpasten enthalten ist, weil es angeblich besser vor Karies schützt. Das Weglassen oder starke Reduktion dieser Gifte ist vollkommen ausreichend um seine Zirbeldrüse zu entkalken und zu (re)aktivieren.

Doch viele Menschen entwickeln tatsächlich eine Angst vor gewissen Lebensmitteln.

Man kann sich in dieser ganzen Ernährungsgeschichte genauso sehr verlieren wie man es in der Matrix tut, denn sie ist ebenso eine weitere Matrix, zudem auch noch sehr komplex und es gibt zig unterschiedliche schlaue Ernährungsbücher, Empfehlungen und Meinungen. Da gibt es Autoren, die nur die Rohkost als einzig wahre und richtige Ernährung ansehen, was auch gar nicht so unlogisch klingt, denn keine andere Spezie außer der Mensch wirft seine Nahrung in den Kochtopf. Andererseits sind wir Menschen einfach keine Tiere und die rohen Früchte sind auch einfach nicht mehr das, was sie einst waren. Hochgezüchtete Pflanzen, Hybridfrüchte, ausgelaugte Böden und das Schlimmste sind wohl die ganzen Chemikalien und Pestizide. Das Vergessen der Wildkräuter, eine der wenigsten Pflanzen, welche noch nicht hochgezüchtet wurden, sehe ich auch als Ursache einer nicht funktionierenden Rohkost.

Mittlerweile denke ich, ein einfaches gekochtes Quinoa ist zu einer heutigen Mango aus Thailand die bessere und schonendere Variante für meinen Körper. Pappsüß sind diese Früchte heutzutage, mit natürlicher Rohkost hat das meiner Meinung nach nicht mehr viel zu tun. Und so ist es ja mit mittlerweile allen Früchten. Früher waren Äpfel säuerlich, heute denken wir sie gehören sich so süß, wie zum Beispiel ein mit Zuckerwasser gezüchteter Pink Lady Apfel.

Gut, aber mal angenommen man stärkt sich wirklich mit reinster naturbelassener pestizidfreier roher Nahrung, wie ich es größtenteils tat, könnt ihr euch vorstellen welches Ausmaß das hat und dass Welten aufeinander treffen? Klar, tat man das vor langer Zeit bestimmt einmal, jedoch gab es da auch noch keine Wlan Strahlen, keine lauten Maschinen, keine künstlichen Pflegeprodukte, keine solchen Abgase, unnatürlichen Stress durch die Leistungsgesellschaft, etc.

Für Menschen wie mich, die ohnehin schon hochsensibel sind und dann noch alle Stimulanzien der Nahrung und Pflegeprodukte weglassen und dadurch noch feinfühliger werden, ist die moderne vom System gesteuerte Welt dann nicht mehr auszuhalten. Ich hatte das Gefühl, Menschen schreien mich an, obwohl sie die Lautstärke von vorher hatten, Baustellen waren unerträglich laut, Parfümgeruch anderer Menschen, das war wie eine Vergasung und auch so verzehnfachten sich jegliche äußerliche Einflüsse. Diese Sensitivität und Wahrnehmung wäre sicherlich auszuhalten, wenn man tief in der Natur weg von allem Unnatürlichen lebt, jedoch muss man das auch erst einmal wollen. Ich persönlich wollte und will es derzeit nicht.

Rohkost käme für mich nicht mehr in Frage, ich bin heute froh meine ohnehin schon stark ausgeprägten Sinne etwas mit stimulierender Nahrung dämpfen zu können.

Dann gibt es die High Carb Crew, sie sagen, man könne unbegrenzt viele Kohlenhydrate essen, man nehme dadurch nicht zu und es pendelt sich alles ein, man heilt dadurch seinen Körper. Der Fettanteil, so sagen sie, soll weitgehendst runter geschraubt werden, die Vorgaben sind 80:10:10, sprich 80% Kohlenhydrate, 10% Eiweiß und 10% Fett. Salz und Öl sind gänzlich tabu. Ich habe es getestet und innerhalb von einem halben Jahr hatte ich 30kg mehr auf den Hüften. Heute habe ich die Suppe wieder komplett ausgelöffelt. Meine Verantwortung in andere Hände zu geben, mich einer Ernährungsform unterzuordnen und blind zu vertrauen, das war mir eine große Lehre.

Low Carb ist auch eine beliebte Ernährungsform, sie ist so ungefähr das Gegenteil von den High Carb Vorgaben.

Veganismus ist eher der allgemeine Träger dieser unterschiedlichen Ernährungsformen und besagt man ernähre sich rein pflanzlich. Kein Fleisch, keine Milchprodukte, sprich Joghurt,

Quark, Sahne, Käse, Buttermilch, Butter, Frischkäse, etc. und keine Eier. Auch wenn ich niemals behaupten würde, dass dies die gesündeste Ernährungsform sei, ist vegan zu leben für mich persönlich nach wie vor eine mit Liebe praktizierende Sache und ich lebe es auch heute noch.

Für mich war es schon als Kind eine Grausamkeit ein vom Tier abgesägtes Körperteil auf meinem Teller liegen zu haben. Ich verweigerte dies von Anfang an und habe Fleisch nie in mein Leben integriert. Ich habe es nie vermisst und es war nie ein Verzicht für mich, denn es zu essen wäre eine Qual gewesen. Der Geruch von rohem Fleisch, welches man gerade zu kochen/braten beginnt, war für mich der penetranteste Geruch, den bis heute nichts toppen konnte.

Als ich noch ein Kind war, begann es plötzlich in unserem Garten äußerst penetrant zu riechen. Ich holte meinen Vater und nachher auch noch meine Mutter, doch niemand hat etwas gerochen und somit hat mich auch keiner ernst genommen. Es vergingen Tage und mir wurde jedes mal ganz komisch bei diesem strengen, intensiven Geruch. Ich hatte trotz starker Abneigung versucht herauszufinden, wo der Ursprung des Geruchs liegt und fand tief versteckt im Schilf eine tote Katze, welche den Kopf in einer Katzenfutter Konserve stecken hatte, da wohl nicht mehr raus kam und letztendlich daran erstickte. Auf ihr waren tausend Fliegen. Sie hatte wohl ca. eine Woche dort gelegen. Es war der Tod, welchen ich gerochen hatte.

Mit 19 Jahren dann entschloss ich mich Milchprodukte wegzulassen. Ich hatte mich viel mit Ernährung beschäftigt und wusste, dass industriell hergestellte Milch stark erhitzt wird und sich die Struktur verändert, sodass sie nur noch ein Abfallprodukt ist, welches uns verschleimt. Seit diesem Tag hatte ich nie wieder

Magenkrämpfe. Laktose Intoleranz - na klar! Das dachten sich jetzt sicherlich viele Leser bei diesem Satz. Ich denke Laktose Intoleranz ist wie viele Krankheiten eine Erfindung bzw. gar keine Krankheit. Warum sollte man eine Krankheit haben nur weil man stark erhitzte, hoch verarbeitete in der Struktur veränderte Milch nicht mehr verträgt? Als hochsensibler Empath wäre aber auch das aufkommende Bewusstsein über diese qualvolle Massenproduktion Grund genug gewesen, sehr gerne darauf zu „verzichten".

Ein halbes Jahr später saß ich eines morgens am Küchentisch und musste urplötzlich an ein rohes Ei denken. Ich sah bildlich dieses rohe Ei vor mir und merkte wie mir übel wurde. Dieser Schlüsselmoment brachte mich dazu nie mehr ein Ei anzurühren. Es erinnerte mich an die menschliche Periode, bei der die Frau unbefruchtete Eier „ausbrütet".

Um es zusammenzufassen, ich hatte und habe von Geburt an einen starken Ekel und eine Abneigung gegenüber all den Tierprodukten. Mit stetig steigendem Bewusstsein konnte ich auch Milchprodukte und Eier irgendwann nicht mehr unbewusst und ohne Ekel verzehren. Die ethische Sicht kam zwar auch irgendwann hinzu, aber alles begann mit dem Ekel und dem Interesse an Gesundheit.

Ich wollte auch nicht länger Hormone, womit Zuchttiere vollgepumpt werden, zu mir nehmen, welche Einfluss auf meinen Hormonhaushalt haben. Wir wissen es. Wir wissen es alle, nur sind wir uns eben nicht vollkommen darüber bewusst.

Dass andere Lebewesen vom Menschen gefangen gehalten, gequält, vergiftet und letztendlich ermordet werden ist die andere Sache warum viele vegan leben. Auch ich bin mir über die

Grausamkeit was hinter Mauern passiert mittlerweile voll und ganz bewusst und würde Fleisch, Eier und Milch plötzlich das gesündeste Lebenselexier für den Menschen sein, würde ich es trotzdem nicht mehr anrühren wollen. Dass man Strafe zahlen muss, wenn man kurz an unerlaubten Stellen sein Auto parkt, aber es im gleichen Moment erlaubt ist reihenweise andere Lebewesen zu ermorden ist ein schlimmer Fakt unserer heutigen Scheinwelt.

Trotz allem halte ich nichts von den Veganern, die permanent missionieren, über Fleischesser herziehen und ihr ganzes Umfeld veganisieren wollen. Das sorgt für großen Widerstand und die Allesesser sind direkt abgeneigt von dieser „veganen Sekte". Ich schäme mich in Grund und Boden für die Veganer, die nur ihre Wahrheit vertreten und dies in die Welt hinaus posaunen. Es sorgt für so viel Abneigung und Hass.

Ich wünsche mir Toleranz. Es sollte ein Verständnis allerseits herrschen. Viele sind auf einem Bauernhof aufgewachsen und haben starke Prägungen. Das ganze Leben handelte sich nur darum von den Tieren zu leben. Zudem sind wir immer noch Kinder der Nachkriegszeit.

Ich nenne mich nur noch ungern Veganer. Alles was ich tue, ist, dass ich ungezwungen und von Herzen gerne Pflanzen esse.

Jeder muss seine eigene Wahrheit finden und es gibt schon gar keine „richtige" Art von Ernährung, denn sie ist nur ein kleiner Teil des Ganzen. Da gibt es Mächtigeres was unsere Zellen beeinflusst.

Paleo, Frutarier, etc. Es gibt so ungefähr alles und für alles gibt es schlaue Bücher und zig Anhänger.

Ich ernähre mich zwar pflanzlich, habe mich aber von jeglicher

Ernährungsform und Vorgaben gelöst. Alles, was irgendetwas **verbietet**, kann nicht gut sein. Balance ist das Wichtigste und unser Instinkt ist definitiv in der Lage uns mitzuteilen was wir wirklich brauchen oder besser nur in kleinen Mengen zu uns nehmen sollten. Das Allerwichtigste ist viel reines, strukturiertes Wasser. Jedem, der nicht gerade eine Quelle im Garten hat, dem empfehle ich sich einen Wasserfilter einzubauen und das Wasser zu energetisieren, so gelangt es endlich wieder durch die Zellwände.

Bei mir war es ja anfangs auch diese Identifikation und Einhaltung von bestimmen Ernährungsformen. Ich bin hauptsächlich wegen diesen tropischen Früchten einmal fast um die halbe Weltkugel nach Südostasien geflogen.

Wir reisten weiter in den Norden nach Chiang Mai, wo ich mich dann endgültig von der Truppe trennte, körperlich gesehen, denn geistig war ich nach zwei Wochen schon gegangen. Manchmal braucht man erst einen vorgehaltenen Spiegel um zu merken, man will doch gar nicht so sein oder werden.

Ich wusste zwar nicht mehr was ich will, aber ich wusste klar und deutlich, was ich nicht will – das Leben einer strikten Unterordnung. Ich fand nicht wonach ich suchte und sehnte mich nach Ruhe. Ich sehnte mich nach Heimat, Vertrautheit, Winter, Stille, Dunkelheit.

Viele Deutschen verstehen gar nicht wie man den Winter mögen kann und sagen sie bräuchten ihn nicht. Für mich ist der Winter etwas ganz Besonderes. Ich mag diese „stille" und dunkle Jahreszeit. Es ist ein Rückzug für die Seele, Erholung, Geborgenheit und ein tiefes in sich Kehren. Uns Menschen sollte auch eine Art Winterschlaf gegönnt sein.

Einige Monate später reiste ich zurück nach Deutschland, meine Familie besitzt zu meinem Glück ein großes Haus am Land, wo ich mich erst einmal niederlassen konnte. Es war tiefster Winter und ich genoss die Dunkelheit, Stille und Vertrautheit sehr und war zu tiefst dankbar für diesen Ort, als wäre ich wieder Kind, denn in meiner Jugend hingegen verfluchte ich diesen Ort. Seit meinem 18. Lebensjahr, als ich in die nächste Großstadt zog, war ich nicht mehr allzu oft dort. Bereits mit elf Jahren fasste ich den Entschluss, dass ich in einer Großstadt leben möchte. Das konservative intolerante Verhalten der Dorfbevölkerung empfand ich als höchst unangenehm und fühlte sich für mich nicht richtig an. Wenn man sich ihnen nicht anpasste, wurde man verachtet. Und so war es bei mir der Fall. Weder übernahm ich den Hinterwäldler Dialekt meiner Umgebung, noch bestätigte ich ihnen ihre horizontal beschränkte Weltanschauung. Sie waren sehr programmiert von ihren Eltern und diese von deren Eltern. Sie nahmen nicht wahr, dass es außerhalb ihrer Dörfer noch so viel mehr gibt und lebten in ihrer kleinen eigenen Welt. Es machte mich traurig und einsam. Damals war ich wohl selbst noch in einem Gedankengefängnis und ein schwarz-weiß Denker, heute habe ich ein ganz anderes Bewusstsein.

Ich habe gelernt, dass Toleranz sogar bedeutet Intoleranz zu akzeptieren. Ich respektiere heute jeden, weil ich weiß, dass niemand einfach nur so ist wie er ist, sondern zu dem was er ist gemacht wurde und teilweise noch nicht mal etwas dafür kann, wenn er es nicht erkennt. Auch Menschen dieser Kategorie können sehr sozial und mit einem großen Herzen ausgestattet sein. Oftmals machen auch nur Glaubensmuster und vor allem Ängste intolerant und rassistisch. Und oftmals macht auch fehlende Selbstliebe boshaft und gehässig. Jemand, der sich selbst liebt, würde niemals andere verurteilen. Jemand, der sich von seinem

Ego gelöst hat, wertet nicht, sondern beobachtet Situationen nur ohne Urteil.

Es wurde Frühjahr und ich entschied mich dafür nach München zu ziehen und dort in einem veganen Laden zu arbeiten. Ich entschloss mich nämlich dazu, nur noch Dinge zu tun, welche ich vertreten und mit denen ich mich auch identifizieren kann. Dinge, welche sich nicht mit meiner eigenen Wahrheit widersprechen. Wenn ich eins aus meinem Zusammenbruch am 12. Dezember 2014 gelernt habe, dann ist das folgendes:

Arbeite niemals gegen deine innere Stimme! Unterdrücke sie niemals, sondern erhöre sie und nimm sie absolut ernst! Arbeite niemals gegen dich selbst. Höre niemals auf deinen Verstand, wenn deine Intuition Widerspruch einlegt. Folge deinem inneren Gefühl, auch wenn rational gesehen alles dagegen spricht. Lebe deine Wahrheit. Habe den Mut und das Selbstvertrauen diesem inneren Wegweiser, deinem Seelenkompass, zu folgen.

Heute weiß ich auch, dass mein damaliger Zusammensturz nichts mit unverständlichen Mathematikformeln zu tun hatte, sondern damit, dass ich, ohne es zu wissen, gegen meine innere Wahrheit lebte. Ich kann noch nicht einmal behaupten gegen meine innere Stimme gelebt zu haben. Das Problem war, dass ich sie nicht hören konnte. Mir fehlte der Zugang zu meinem tiefsten Inneren, ich war abgeschnitten von meinem Selbst, meiner Wahrheit, von allem, dem Ganzen.

Ohne Wohnung und ohne den Job im veganen Laden bereits in der Tasche zu haben, machte ich mich mit meinem Reisekoffer bereits auf zu einer Freundin nach München.

Ich gab ein einziges Inserat für den ganzen Raum in München, der 1,3 Mio. Einwohnerstadt auf und marschierte in den veganen

Laden um mit dem Chef persönlich wegen einem Arbeitsplatz zu sprechen. Eine Woche später hatte ich den Job in der Tasche und es meldete sich ein einziger Münchner auf meine Anzeige, der ein freies WG-Zimmer für mich hatte, es befand sich 200 Meter und Luftlinie 100 Meter, was zwei Gehminuten entspricht, von meinem Arbeitsplatz entfernt. Mir wurde klar, dies ist kein Zufall, sondern dass das die Resonanz meiner Mutigkeit und meiner zweifellosen Überzeugung gewesen ist. Es war wieder ein Beweis dafür, wie sehr das Gesetz der Anziehung doch funktioniert, mit welchem ich mich damals schon seit anderthalb Jahren beschäftigte.

Du kannst bzw. wirst so oder so alles worum deine Gedanken, dein Glauben und deine Gefühle kreisen in dein Leben ziehen. Du bist ein Magnet und Gleiches zieht Gleiches an. Das Gute ist, wenn du dir darüber klar bist, kannst du bewusst entscheiden was du anziehen wirst, indem du dich umprogrammierst und dich auf die Dinge, die du willst, fokussierst. Ansonsten geschieht alles unbewusst, denn es funktioniert immer. Lass dich nicht von deinem Unbewusstsein regieren. Komme in den Zustand des Bewusstseins und treffe selbst die Wahl. Tag für Tag. Jede Sekunde hast du die Wahl. Vielleicht fragst du dich, warum du immer nur Schlechtes angezogen hast? Warum man dein Vertrauen missbraucht hat? Vielleicht weil du selbst misstrauisch warst? Du fragst dich warum die Liebe dich verlassen hat? Vielleicht weil du selbst keine Liebe in dir hattest? Ich könnte vielerlei Beispiele aufzählen, jedoch gibt es diesen einen Leitsatz: „Gleiches zieht Gleiches an." Du musst die Dinge erst selbst in dir entstehen lassen, durch Gedanken und vor allem Gefühle, dann kommen sie auch zu dir.

Ich fing sofort an zu arbeiten, es war der erste Job nachdem ich damals meinen 40 Stunden Job kündigte, welchen ich übrigens in einer Kindertagesstätte ausübte.

Ich verbrachte 4,5 Jahre in diesem Beruf. Es wäre eigentlich kein unschöner Beruf mit Kindern, jüngsten reinen urteilslosen Wesen, zu arbeiten, jedoch konnte ich die vorgegebene Pädagogik, welche natürlich in das Konzept der konventionellen Einrichtungen übernommen wird, nicht (mehr) vertreten und wollte nicht mitverantwortlich sein die jungen Wesen zu maschinellen Systemdenkern zu formen. Das Ausmaß in den ersten Lebensjahren Menschen zu formen ist so enorm, dass sie diese Überzeugungen in den meisten Fällen ihr Leben lang mit sich tragen. Zudem kam, dass das Arbeitssystem natürlich überall nach dem Maximalprinzip zu seinen Gunsten ausgerichtet ist. So ist das ja in allen Berufen. Die Menschen sind gestresst, überfordert und überarbeitet und viele erkranken letztendlich sogar an Burnout. Sie sind ausgebrannt. Sie haben nichts mehr in ihrem Leben wofür sie brennen, die Liebe zum Leben ist erloschen.

Stress und Überlastung von Körper, Geist und Seele bringt uns früher oder später aus der Balance und es kommt zur Krankheit. So ein Glück aber auch für die Pharmaindustrie, welche heutzutage so viele Medikamente verschreibt wie nie zuvor in der menschlichen Geschichte. Die Menschen sind so sehr von Moral und ihren Überzeugungen, dass sie funktionieren müssen, geprägt, dass sie bei allen Krankheitheitssymptomen lieber eine Pille schlucken, anstatt zu begreifen, dass sie das Gleichgewicht so nicht wiederherstellen können. Medikamente lindern, besser gesagt, unterdrücken Symptome nur, aber sie heilen nicht die Ursache an sich. Heilen können wir uns nur selbst und nicht die Götter in Weiß.

Fakt ist, dass Medikamente nicht die Ursache beheben. Die Krankheit (=Ungleichgewicht) bleibt bestehen, auch wenn die Symptome durch Pillen eine Weile verschwinden können. Früher oder später aber wehrt sich dein Körper, dein Geist und deine Seele dagegen und die „Krankheit" bricht erst recht aus. Die Natur wird immer stärker sein als unser Mogeln. Das Ungleichgewicht will wahrgenommen werden, doch anstatt dieses als Geschenk, als Warnzeichen anzusehen und sich darüber bewusst zu werden, dass es eine Chance ist, den Kernpunkt zu heilen, schluckt der Großteil der Gesellschaft weiterhin die von den Schulmedizinern verschriebenen Pillen. Irgendwann werden die Tabletten jedoch nicht mehr wirken und das Ungleichgewicht wird sich auf andere Art und Weise ausdrücken, denn es will gesehen und ausbalanciert werden. Auch nie zuvor in der menschlichen Geschichte, wurden jemals so viele Medikamente verkauft und noch niemals zuvor waren die Zahlen der Volkskrankheiten und die damit verbundene Sterberate so hoch wie heute. Wie also passt das zusammen? Während die Zivilisationskrankheit Krebs früher weitgehendst unbekannt war, erkrankt heute einer nach dem anderen daran. Alle sprechen immer von medizinischen Fortschritten, jedoch sind wir eher einige Rückschritte gegangen. Uns fehlt nur das Bewusstsein und wir erkennen die Zusammenhänge nicht. Wir glauben, was man uns sagt, wir geben Verantwortung in fremde Hände. Es fehlt die Eigenverantwortung.

6. Willkommen in der Matrix

Einen wunderschönen Guten Morgen im einundzwanzigsten Jahrhundert. Guten Morgen im System. Guten Morgen im Hamsterrad. Guten Morgen im Programm. Guten Morgen in der **MATRIX**.

Ich werde jetzt nicht den im Jahre 1999 erschienenen Film „Die Matrix" aufgreifen und euch erzählen wir seien in einem Computerprogramm und an Maschinen angekabelt, jedoch sind in solchen Filmen immer Wahrheiten und Details versteckt und meiner Meinung nach wurde in diesem Film symbolisch sehr viel dargestellt wie es auch in Wahrheit tatsächlich ist.

Wir sind Sklaven, gefangen in einem Hamsterrad. Wir werden beschäftigt bis an unser Limit. Wir werden tagsüber in Gebäude verräumt und unsere wenige freie Zeit ist nicht einmal Zeit genug um uns dessen überhaupt voll und ganz bewusst zu werden. Uns bleibt nicht einmal die Zeit um zu realisieren, was man mit uns macht. Das Geld eines Vollzeitjobs reicht den Meisten gerade so zum Überleben. Wir verbringen den Großteil unserer Zeit damit zu funktionieren. Der Mensch ist die einzige Spezies, welche für sein Leben auf Planet Erde Dienst leisten und Gelder zahlen muss. Bei der Geburt wird man direkt benannt und in die Kartei aufgenommen.

Bereits in konventionellen Kindergärten bzw. noch früher in Kinderkrippen, wo Kleinkinder im Alter von 0-3 Jahren betreut werden, beginnt die Programmierung. Die Kleinsten bekommen bereits zu spüren, dass sie in eine Leistungsgesellschaft inkarnierten. Anstatt ihnen Freiraum zu gewähren, werden sie mit sämtlichen Regeln und Förderung gerade so überflutet.

Förderung nach einem speziellen System. Sie werden darauf hin programmiert die Grundkenntnisse für einen Spieler im Matrixsystem zu beherrschen. Das Training beginnt früh für ein System, welches sie sich nicht aussuchen konnten, denn es gibt nur das eine System.

Spätestens ab unserem siebten Lebensjahr sind wir verpflichtet in die Schule zu gehen, fünf Tage die Woche. Anstatt uns in einer Welt voller Freiraum entfalten zu dürfen, sitzen wir aneinandergereiht in einem Raum und lernen aus Büchern erschaffen vom System. Wer sagt uns denn, dass diese Geschichtsbücher überhaupt stimmen oder dass die Biologie und Chemie nicht längst veraltet ist? Wer nimmt sich überhaupt das Recht zu bestimmen was wirklich wichtig ist uns Tag ein Tag aus zu lehren und ins Gehirn einzupflanzen? Warum wurden die wichtigen und wesentlichen Dinge wie Liebe, Zwischenmenschlichkeit, Selbstvertrauen, Balance, etc. völlig außen vor gelassen?

Kinder werden immer auffälliger, ihre innere Wehr gegen die Unterordnung ihres eigenen Individuums, den Leistungsdruck und den Stress wird als ADHS oder Asperger Syndrom, eine Unterordnung des Autismus, diagnostiziert. Die Wunderpillen dafür warten bereits in der Apotheke auf sie um die Pharmaindustrie zu finanzieren. Diese Pillen sind eine Art Betäubung ihrer eigenen Wahrheit und so läuft es dann auch wieder gut weiter im System, wenn man sein Inneres kaum noch spürt. Das Bewusstsein wird somit kleingehalten und das System behält nach wie vor die Macht.

Mein Bruder wurde als Kind auch als Autist, einen Asperger, diagnostiziert, eine „unheilbare" Krankheit. Heute ist davon nichts mehr übrig, die Ursache lag wo ganz wo anders.

Die Medien manipulieren uns. Während sie uns die Wahrheiten vorenthalten, stellen sie uns auf hinterlistige Art und Weise zig verschiedene materielle Dinge vor. Autos, Möbel, Häuser, Klamotten, Smartphones, etc. und gaukeln uns durch die Blume vor, dass uns diese Dinge glücklicher machen, sobald wir sie haben. Nur kurz aber stillen diese materiellen Dinge uns und dann wollen wir mehr...und mehr...und immer noch mehr...denn das Materielle kann uns auf Dauer niemals ausfüllen.

Der Materialismus und die Technologie sind die größten Ablenkungsmanöver vom Wesentlichen.

Die glücklichsten Menschen traf ich in Südostasien. Sie hatten materiell gesehen kaum etwas, aber sie waren zufrieden und dankbar. Dieses lebedinge Strahlen von innen heraus sah ich noch bei keinem wohlhabenden Geschäftsmann, welcher in Anzug, Aktenkoffer und Smartphone hektisch an mir vorbei stürmte.

Die Wahrheiten erfahren wir nicht durch die Öffentlichkeit. Die Wahrheit erfährst du, wenn du deine Komfortzone verlässt und dich selbst von allem überzeugst.

Im System geht es lediglich um Geld und Macht und dafür sind alle Mittel recht. Würden die Menschen die Wahrheiten kennen, würde das komplette System von heute auf morgen zusammen brechen. Würden die Menschen erkennen, wie viel Potential in ihnen steckt und dass die Kraft des Universums für sie zugänglich ist, wäre dies das Ende der Matrix.

Ich erwarte von niemandem mir zu glauben, das will ich noch nicht einmal. Ich erwarte nur Eigenverantwortung. Die Wahrheiten liegen fernab der Scheinwelt.

7. Die Anziehungskraft

Ich fühlte mich absolut wohl in meinem neuen Job, der direkt um die Ecke gelegen war und arbeitete zum ersten Mal in meinem Leben richtig gerne! Es war ein wundervoller Frühling und Neubeginn für mich. Umgeben von bewussten Arbeitskollegen, neuen Menschen und dieser Frische. Ich war so dankbar für diesen Job. Dankbarkeit ist so etwas Wundervolles und mit aussendender Dankbarkeit zieht man direkt noch mehr Dinge in sein Leben für welche man dankbar ist.

Nur all die aneinanderreihenden Momente führten uns zum jetzigen Moment. Das bedeutet, all die Geschehnisse und Entscheidungen, welche wir trafen, führten uns da hin, wo wir jetzt gerade sind.

Wäre auch nur eine kleine Sache anders verlaufen oder eine minimale Entscheidung anders ausgefallen, wären wir jetzt nicht da, wo wir gerade sind.

Wenn wir jetzt in diesem präsenten Moment, fähig sind, Glück zu fühlen, obwohl wir einst illusorisch dachten, wir könnten ohne Menschen, die uns verlassen haben oder andere Ereignisse, welche uns den Boden unter den Füßen weggerissen haben, nie wieder Freude empfinden, entsteht da ein sagenhafter Moment, der uns wahre Stärke spüren lässt und uns mit Dankbarkeit durchströmt.

Dass wir unabhängig von allem und jedem selbst Glückseligkeit erschaffen können, macht uns zu wahren Lebenskünstlern und lässt uns aus dem richtigen Blickwinkel erkennen und somit realisieren, dass einzig und alleine wir selbst die Schöpfer unserer Realität in unserem individuellen Universum sind.

Phänomenal ist es, dass wir der Schattenseite des Lebens, welche uns durch brennende Höllen jagte, irgendwann unendliche Dankbarkeit aussprechen können, weil sich durch sie diese unzerbrechliche innere Festung erbaute, welche wie ein alter Baum tiefe Wurzeln besitzt und den nächsten Sturm unerschrocken begrüßt.

Bist du dankbar, dass kein einziger Moment je anders verlaufen ist und dass du keine einzige Entscheidung je anders getroffen hast? Wenn nicht, folgt jetzt glücklicherweise schon der nächste Moment voller Perspektive und Wahl.

Hazel, die ich ein Jahr zuvor über Facebook kennen lernte und bereits schon einmal in München besucht hatte, wohnte nur 100 Meter von mir entfernt, genau in der Mitte zwischen mir und der Arbeitsstelle, wo sie auch im Cafe' jobbte, welches mit dem veganen Laden kooperierte. Als ich sie damals besucht hatte, waren wir sofort auf einer Wellenlänge, sprachen über das Gesetz der Anziehung und drehten einfach ein spontanes YouTube Video „Die Welt retten" als würden wir uns schon unserer ganzes Leben kennen. Ich schätze diese lebenswerten Begegnungen mit Menschen sehr, wo man gar nicht anfängt Konversationen an der Oberfläche zu führen, sondern von der ersten Sekunde an direkt über das Wesentliche spricht und in die Tiefe geht. Diese Begegnungen fühlen sich an wie Heimat, die ein Ort niemals ersetzen kann.

Mein WG Mitbewohner war übrigens über 50 Jahre alt und fing plötzlich an auf unangenehme Art und Weise sehr aufdringlich zu werden. Er hatte sich geheime Hoffnungen gemacht, welche ich im Traum nicht erwidert hätte. Er war ein verbrauchter, horizontal beschränkter, einsamer, notgeiler Mann, welcher es auf mich abgesehen hatte. Er kam ohne zu klopfen in mein Zimmer oder blieb gaffend stehend, wenn ich mit einem bedeckten Handtuch schnell vom Badezimmer in mein Zimmer flitzte.

Eines Abends in der Küche berührte er beim Vorbeigehen meine Brust. Ich schreckte zurück und machte ihm klar, dass ich lediglich seine Mitbewohnerin sei und nicht mehr. Er akzeptiere dies nicht und sagte, dass es doch ganz normal wäre, dass man sich zum anderen Geschlecht hingezogen fühlt, wenn man zusammenlebt und er fragte mich, ob wir nicht einmal Sex haben wollen. „Nein, niemals!", schrie ich und ging in mein Zimmer. Ich war die ganze Nacht wach, weil ich nicht schlafen konnte. Ich weiß gar nicht ob es seine Berührung war oder die Tatsache, dass man mit Mitte 50 noch so unterentwickelt ist, was mich mehr schockte. Ich hatte nämlich gedacht, dass ein Mensch in diesem Alter ein gewisses Bewusstsein entwickelt haben muss, aber oftmals hat dies gar nichts mit dem Alter zu tun, sondern mit den Erfahrungen. Am darauffolgenden Tag arbeitete ich 14 Stunden auf einer Messe zusammen mit Hazel. Ich war total erschöpft, da ich nach diesem Vorfall die ganze Nacht nicht geschlafen hatte.

Hazel und ich trafen uns immer öfter bei mir, weil auch sie sich gerade nicht mehr so wohl in ihrer WG fühlte und ich erzählte ihr von meiner Situation.

Manchmal übernachtete sie auch bei mir. Zu zweit fühlten wir uns dort hinter abgeschlossener Tür sicher, immerhin hatten wir auch einstudierte Szenen vor meinem Mitbewohner abgespielt, dass Hazel eine Freundin von der Kriminalpolizei sei und gerade mit dem Dienstwagen hier ist. Schauspielern konnten wir beide sehr überzeugend!

Nach wochenlanger vergeblicher Suche nach einem neuen WG Zimmer saß ich eines Abends am offenen Fenster und sprach laut zum Universum: „Bitte, bitte lass mich ein neue Bleibe finden!"

Am nächsten Morgen hatte ich nach wochenlanger Suche und Anschreiben für Zimmerangebote gleich drei Besichtigungseinladungen in meinem Postfach, darunter sogar ein kleines 1 Zimmer Apartment, vier Kilometer von meinem Standpunkt entfernt. Am selben Tag noch besichtigte ich dieses und hatte eine Zusage.

Ich fand dieses Loch schrecklich, aber die Situation mit meinem Mitbewohner erlaubte es mir nicht wählerisch zu sein. Erst einmal weg, ganz egal wohin, das hatte gerade die höchste Priorität. Ich packte meine sieben Sachen, legte die Schlüssel auf den Küchentisch und verschwand wortlos.

Angekommen im neuen Apartment saß ich mich auf das 90 Zentimeter schmale Bett und stellte fest, dass dieses Apartment kleiner sei als mein aller erstes Apartment, welches ich mit meinen 18 Jahren bezog. Ich hatte das Gefühl in diesem winzigen Raum zu ersticken. Toilette und Dusche waren auf dem Flur und war zugänglich für alle Bewohner dieses Wohnhauses, vergleichbar mit einem Studentenheim.

Ich informierte Hazel, die noch immer auf der Suche nach einer kleinen neuen Bleibe war, über meine Gefühlslage und sie fragte mich in der nächsten Nachricht: „Wollen wir zusammen etwas suchen?"

Schon immer war ich mehr oder weniger ein freiwilliger Einzelkämpfer und erschrak erst einmal, doch mein Herz sagte „Ja!" und ich stimmte zu. Bei Hazel war es irgendwie ein anderes Gefühl als bei all den Freunden zuvor in meinem Leben. Wir sind beide sehr spontane Menschen.

Ich holte sie erst einmal zu mir in das winzige Appartement, wir pumpten eine Luftmatratze auf, welche platzmäßig gerade so in das Zimmer passte und von dort an suchten wir zusammen eine gemeinsame Wohnung.

Wir hatten weder ausreichende Gehaltsnachweise für eine neue Wohnung, noch die richtigen Kontakte, die uns da weiterhelfen konnten und wussten, dass wir es nur über glückliche „Zufälle" anziehen können und auch werden.

Die Energie und Harmonie zwischen Hazel und mir war einzigartig. Wir gingen damals schon ohne uns zu kennen parallel dieselben Wege in die gleiche Richtung. Auch sie wuchs in einem winzigen Dorf auf, litt durch die Liebe und befreite sich aus dieser kleinen Welt. Man könnte fast sagen die gescheiterte Liebe war bei uns beiden die Eintrittskarte in das Leben.

Hazel machte ebenfalls eine Ausbildung, zog in die nächste Großstadt, ging dann nochmal zur Schule, brach ihr Studium ab, wurde vegan und hatte auch die Rohkostphase hinter sich. Ja, wir waren Studienabbrecher, die durchs Leben jobbten und auf der ewigen Suche nach dem Schlüssel waren.

Ich habe noch nie etwas bereut, was ich je getan habe und ich glaube man bereut auch nur jene Dinge, die man **nicht** getan hat.

In 20 Jahren wirst du mehr enttäuscht sein über die Dinge, die du nicht getan hast, als über die Dinge, die du getan hast. Also löse die Knoten, laufe aus dem sicheren Hafen. Erfasse die Passatwinde mit deinen Segeln. Erforsche. Träume. - Marc Twain

Gemeinsam in meinem kleinen Apartment waren wir am Anschreiben sämtlicher Wohnungsangebote, wir jobbten in der veganen Branche und lebten unsere Tage als gäbe es kein Morgen. Wir verbrachten jede freie Minute in der Sonne an der Isar, radelten täglich mindestens 30 Kilometer quer durch die Stadt von einem zum anderen Ort, genossen Frappuccino bei Starbucks, rauchten gemütlich als Ex-Rohkostjunkies genüsslich unsere Zigaretten, philosophierten, brachten uns auf eine hohe Schwingung und bemerkten wieder einmal wie wirksam das Gesetz der Anziehung doch war. Obwohl unser Leben von außen wie das größte Chaos schien, zwei Mädels, die in einem Zimmer wohnen, zwei Koffer besitzen und in der teuersten Stadt Deutschlands nur vom Halbtagsjob leben, ging es uns wirklich gut. Wir lachten unglaublich viel und hatten immer so einen unglaublichen Spaß, wir nahmen die augenblicklichen Momente wahr und dachten nicht so viel an Morgen. Wir hatten uns, das war mehr wert als alles andere auf Planet Erde.

Hazel träumte vom schwarzen Ford Mustang und ich vom weißen Mercedes Cabrio und wir unterhielten uns an jenem Morgen in meinem Apartment noch über diese Autos und wie selten man sie auf der Straße doch sieht, bevor wir uns aufs Fahrrad schwangen um in die Arbeit zu radeln. Den Berg runter, links abgebogen legte Hazel vor mir eine Vollbremsung ein, so schnell konnte ich gar nicht schauen. Einige Meter später bremste ich ebenfalls und ging zu ihr. Wir standen da und trauten unseren Augen nicht. Mit hinunterhängender Kinnlade standen wir am Straßenrand und vor uns waren ein schwarzer Ford Mustang und ein weißer Mercedes Cabrio nebeneinander geparkt. Wir starrten nur noch auf die beiden Autos, schwiegen, starrten uns an und begriffen in diesem Augenblick wie machtvoll unsere Gedanken doch sind und dass das was wir da gerade erleben kein weiterer Zufall mehr sein kann.

Es gibt keine Zufälle. Jede Situation, die ganzen äußeren Umstände sind der Spiegel unserer Gedanken und uns wurde dies Tag für Tag mehr bewusst.

Am nächsten Abend saßen wir mal wieder an der Isar und philosophierten. Ich verriet Hazel, dass die Zahl 13, seit ich denken konnte, meine absolute Glückszahl sei. Hazel sagte: „Mara, das kann nicht sein. Ist das dein Ernst? Es ist auch meine Glückszahl seit ich ein kleines Kind bin". Außerdem sprachen wir darüber, dass MUT der Schlüssel ist um sich seine Träume zu realisieren. Das hier ist unser Leben, nur wir können es bewegen.

Am nächsten Tag als wir auf Arbeit waren, gingen wir kurz vor die Tür eine Stress Zigarette rauchen. Direkt an der Straße war eine Ampel. Plötzlich stand ein Auto an der Ampel mit dem Kennzeichen „M UT 13" und ich schrie: „Hazel, das gibt es nicht!" und sie schrie „Mara, das gibt es wirklich nicht!". Spätestens seit diesem Moment war uns klar, dass dies ein Zeichen vom Universum war. Jedes Autokennzeichen gibt es nur ein einziges Mal. Am Abend dann als wir nachhause kamen, standen zwei Autos vor unserer Haustür, beide mit der Zahl 13 im Kennzeichen. Wir versuchten uns gar nicht mehr so sehr zu wundern um den Universum zu zeigen, dass wir jetzt nicht mehr an ihm zweifeln.

Gute drei Wochen später kam es dann tatsächlich zu einer Einladung zur Wohnungsbesichtigung in einem edlen Stadtteil. Es handelte sich um eine möblierte drei Zimmer Wohnung. Ideal für uns, da wir vor Jahren zu Minimalisten wurden und unsere eigenen Möbel vor langer Zeit schon verabschiedeten. Alles was wir hatten waren zwei Koffer und alte verrostete Stadtfahrräder, aber umso mehr atemberaubende Momente trugen wir in unseren Herzen. Wir waren so reich.

Wir erschienen zum Termin und trafen auf eine alte herausgeputzte Dame, die die Wohnung ihres Sohnes, welcher in den USA durchgestartet ist und laut ihrer Aussage nicht wieder kommt, vermietete. Leider hatte sie keinen Schlüssel und die Vormieterin erschien nicht. Ich musste zurück zur Arbeit, doch Hazel ging mit der alten Dame Kaffee trinken und hat diese durch ihre freundliche Art verzaubert. Hazel weiß wie man mit Menschen umgeht und letztendlich war die alte Dame von uns studierenden Halbschwestern, wie wir vorgaben, total begeistert. Uns als ganze Schwestern zu bezeichnen hätte nicht hingehauen. Hazel ist eine attraktive helle grünäugige Blondine und ich bin eine dunkle braunäugige Brunette, die kein Bisschen deutsch aussieht, obwohl ich es bin. Soweit ich weiß endet mein Stammbaum in Sizilien und das ist bei mir so sehr durchgedrungen wie bei keinem anderen in meiner Familie. Ich habe außerdem dickes dunkles welliges Haar, eine richtige Löwenmähne, und schwarze dichte Augenbrauen.

Trotz allem fanden wir das mit den Schwestern gar nicht so weit her geholt. Es war mehr als nur eine Freundschaft, wir waren Seelenschwestern, fast schon wie eine eigene kleine Familie.

Eine Woche später packten wir erneut unsere Koffer und fuhren voller Euphorie in die neue Wohnung.

Wir dachten wir wären angekommen. Wir ahnten nicht, dass der Marathonlauf gerade erst begann...

Die alte Dame dachte wohl wir stammen aus wohlhabender Familie, denn die Wohnung kostete uns ganze 2000 Euro, was für diese Stadt einfach nur üblich ist.

Von uns hat man überhaupt gar keine Nachweise verlangt, was mittlerweile eigentlich längst Pflicht ist und das sogar obwohl wir das Formelle mit dem Anwalt der alten Dame wie in der Schule zusammen laut durchgelesen haben und letztendlich unterschrieben.

Wir hatten eine wahnsinnig hohe positive Schwingung, die wir ins Universum aussendeten und wir wussten bereits Gleiches zieht Gleiches an. Ich verstand damals schon, dass dies nichts mit Zauberei zu tun hat, sondern mit der Quantenphysik.

Das waren wir. Halb Mensch, halb Universum, ganz normale Erdenmenschen, ganz normale Mädchenkörper, seelisch von einer anderen Galaxie, gestrandet auf Planet Erde. Nicht mit der Menschensprache zu erklären, aber wir konnten es erfühlen und mussten es uns einander nicht erklären, weil wir das Gefühl und Empfinden des anderen durch Schwingung aufnehmen konnten und auch unserer Schwingungen sich vereinte

8. Sich selbst im anderen erkennen

Hazel und ich wuchsen enorm zusammen und wir konnten einander einfach sein wie wir waren, wir verstanden uns blind, wir lachten von Herzen, weinten Freudentränen, jeden Sommerabend am Balkon tranken wir gekühlten Eistee mit Aspartam, qualmten Zigaretten und hatten trotz keiner cleanen Rohkosternährung das Gefühl so klar zu sein. Uns wurde klar, dass Ernährung nicht alles ist und dass unsere Gedanken viel machtvoller sind und unsere Zellen steuern. Die cleane Rohkosternährung war damals auch nicht das Wahre. Der Körper muss auch mal gefordert werden und die Resistenz gegenüber Gifte muss im Geiste entstehen. Damals verwöhnte ich meinen Körper so sehr mit flüssigster Nahrung, dass ich beim ersten gekochten Essen danach erst einmal 2 Tage vergiftet im Bett lag. Der Körper kannte das einfach nicht mehr und wurde träge.

Wir hatten tiefgründige, echte und die besten Gespräche über Planet Erde und weit darüber hinaus. Wir waren so gleich. Wir waren zwei mutige selbstbewusste Frauen und unsere gemeinsame Energie war wie ein Leben in einer anderen Dimension, eine unbeschreibliche Schwingung. Es war so eine Vertrautheit als würden wir uns schon unser komplettes Leben kennen. Für sie hatte ich Liebe, aber nicht im Sinne von Romantik. Das Wort „Liebe" wurde wie das Wort „Gott" über die Jahre hinweg sehr missbraucht und in der Bedeutung verändert. Ich spreche von dieser wahren tiefen bedingungslosen Liebe, wie man sie zu seiner Schwester, Mutter oder Großmutter, seinem Bruder, Vater oder Großvater aufbringen kann. Für Hazel hatte ich unendliche reine Liebe. Liebe, welche ich noch nie gegenüber einer Freundin oder einem Mann aufbringen konnte. Sie hat mich gelehrt was wahre Liebe ist. Liebe, ein Gefühl, welches die meisten Menschen heutzutage nicht mehr in sich entstehen lassen können.

Die Meisten verwechseln echte Liebe mit ihrer Illusion, dass sie lieben.

Ich denke die wichtigste Grundvoraussetzung, wahre Liebe entstehen lassen zu können, ist die Selbstliebe. Nur wer sich selbst liebt, ist in der Lage andere Menschen auch zu lieben. Sie ist der Grundbaustein für die stärkste Kraft im Universum.

Wer sich selbst nicht liebt, wird nie eine echte Liebe zu einem anderen Menschen aufbringen können. Die Menschen denken zwar immer sie lieben einen Menschen, aber eigentlich wollen sie nur selbst geliebt werden. So machen sich viele Menschen auch von ihrem Partner abhängig. Die Menschen sind VER-liebt, sie VER-lieren sich im anderem Menschen. So sind sie eifersüchtig, süchtig nach dem Partner wie nach einer Droge. Eine Abhängigkeit. Wenn sie dann alleine sind, fühlen sie sich unvollkommen. Sie versuchen durch fehlende Selbstliebe das tiefe Loch in ihnen von außen mit Zuneigung und Aufmerksamkeit des Partners zu füllen. Irgendwann aber merkt jeder, dass der andere dieses Loch nicht (auf Dauer) stillen kann und viele Beziehungen scheitern genau an diesem Punkt. Die illusorische Liebe ist immer mit Verlustangst und inneren Stress verbunden.

Wahre Liebe ist bedingungslos. Wahre Liebe kennt keine Eifersucht und auch keine andere Sucht. Wahre Liebe ist frei. Wahre Liebe bedeutet den anderen glücklich sehen zu wollen, ganz egal ob dies eine Trennung oder anderes bedeutet. Wahre Liebe bedeutet einander das Beste zu wünschen und einander von Herzen etwas zu gönnen, das Gegenteil von Neid. Wahrer Liebe sucht nicht, wahre Liebe kämpft nicht, wahre Liebe leidet nicht.

Wahre Liebe ist einfach nur. Meine eigene persönliche Definition für wahre Liebe lautet:

„Sich im anderen *in Allem* wieder zu erkennen."

Ich erkannte mich in Hazel, Hazel erkannte sich in mir. Wir wurden EINS. Wir waren tagtäglich zusammen und hatten magische atemberaubende universelle Momente.

Durch dieses geistige Erleben wurde mir klar, ich bin du und du bist ich. Alles ist mit allem verbunden und es gibt diese eine Energie, die durch jeden von uns fließt.

Wir beschlossen eines Abends, dass wir uns nun endlich mal den lang ersehnten Film „Die Matrix" anschauen wollen und lagen wie Schwestern zusammen gemütlich im Bett. Es war ein fesselndes intensives Filmerlebnis verbunden mit viel Gänsehaut und Staunen bis hin zur Fassungslosigkeit, weil wir Zitate, die daran vorkamen kürzlich selbst aussprachen, da wir gewisse Dinge durch das abendliche Philosophieren erkannten. Dieser heute schon uralte Film war für uns wie der neueste spannendste Kinofilm in dem wir so viel Realität in den Details erkannten.

Es ist faszinierend wie unterschiedlich man Filme und Bücher aufnehmen kann, wenn sich die Wahrnehmung verändert. Auch bereits angeschaute Filme oder gelesene Bücher können dann eine ganz andere Wirkung auf uns haben, weil wir sie von einer ganz anderen Perspektive betrachten.

9. Erweiterte Wahrnehmung

Die Häuser im Innenhof kamen uns plötzlich so surreal vor, es gleichte alles Sichtbare einer Legowelt oder einem Puppenhaus.

Wir hinterfragten warum wir in diesem seltsamen Körper stecken, der mitten im Gesicht eine Nase hat. Die Dinge haben wir plötzlich alle ganz anders wahrgenommen.

Das Leben erschien mir wie ein Traum...

Wir reisten zu Hazel`s Familie und nächtigten dort auf der großen ausgezogenen Couch im Wohnzimmer. Hazel schlug mit ihren Armen und dann mit ihren Beinen aus, während ich noch gar nicht schlief, als würde sie jemanden bekämpfen. Als ich auch noch einen Schlag abbekam weckte ich sie auf und sie verstand gar nicht mehr wo wir waren und sprach zu mir: „Mara, vielleicht sind wir EINE Person".

Dieser Satz bewegte viel in mir und ließ mich bis heute nicht los.

Als wir zurück in München waren, informierte uns die Arbeit wir sollen aus wichtigen Gründen vorbeikommen, am selben Abend hielten wir unsere Kündigung in den Händen, weil der Umsatz so schlecht war und die Filiale schließen musste.

Für uns war es kein Schock, es war in Ordnung, denn wir hatten eine ganz andere Wahrnehmung, einen anderen Blickwinkel, eine geänderte Perspektive auf die Dinge. Der Blick für die Gesamtheit war es, den wir hatten und da war so eine Kündigung nur wie ein Bleistiftpunkt im Weltall.

Wir versuchten zu verstehen was mit dieser Welt eigentlich los ist und suchten nach Lösungen wie wir uns aus dem Hamsterrad befreien können, denn durch die veränderte erweiterte Wahrnehmung, wurde uns erneut, wie schon einige Male zuvor in unserem Leben, klar, dass wir nicht länger mitspielen können. Für wen oder was hätten wir das noch tun sollen?

Die Leute auf den Straßen kamen mir vor wie programmierte Sklaven, die hektisch von einem zum anderen Ort rasten, die Autos kamen mir vor wie Spielzeugautos, es war alles wie eine Art Legoland. Es war so laut, ich war ohnehin schon hochsensibel mit ungefilterten Sinnen und die Reizüberflutung wurde immer schlimmer. Die Nächte waren schrecklich. Über uns lebte eine aus dem Leben geworfene Familie, dessen 3-jähriger Sohn die halbe Nacht durch die Wohnung trampelte und wenn ich morgens aufwachte, fühlte ich mich, als wäre ich nachts einen Marathon gelaufen und war einfach nur erschlagen. Das nächtliche Ruhen reichte nicht aus um all die Reize des Tages zu verarbeiten und meinen Geist zu regenerieren. Ich war geistig so müde vom Leben und gleichzeitig war es aber auch der Geist, der mich nachts wachhielt, obwohl mein Körper schlafen wollte.

Ich fuhr die Tage an den Chiemsee, der größte See Bayerns, auch „Das bayerische Meer" genannt. Ich liebe diesen Ort, welchen ich als Kind oft besucht hatte. Ich lag acht Stunden einfach nur am Ufer, ging ins Wasser, tankte Sonne, lag ohne Unterlage auf den Steinen und fühlte wie wichtig die Natur für den Menschen ist, denn wir sind ein Teil von ihr und benötigen sie zum Überleben. Je weiter wir uns von der Natur entfernen, desto schlechter geht es uns. In der Natur, gerade in Wäldern sind solch kräftige Energiefelder, die uns aufladen.

Einen Tag später, genau genommen am 27. August 2016, holten mich mein Vater und meine jüngere Schwester ganz spontan mit dem Auto ab, denn wir wollten unseren lang ersehnten Wunsch, in die Alpen zu fahren, in die Tat umsetzen. Dort wollten wir die Almhütte besuchen, wo mein Vater aufwuchs, also wanderten wir fünf Kilometer hoch auf die Alm. Angekommen bei diesem wundervollen mit Liebe gepflegten unbewohnten Häuschen packten wir unsere Brotzeit aus, tranken das Quellwasser aus dem Brunnen und ich merkte nach langer Zeit wieder wie es ist in der Stille und in der Natur zu sein.

Als ich jünger war dachte ich immer die Großstadt ist die Quelle und dass sich dort das Leben abspielt. Ich dachte der Umzug dorthin wäre die Eintrittskarte in die unbegrenzten Möglichkeiten, doch an jenem Tag auf der Alm wurde mir klar, dass es genau umgekehrt ist. In Wahrheit wird man in einer Großstadt so mit Reizen und Hektik überflutet und ist abgeschnitten von der Tiefe des Seins. Stille und Natur bringen uns näher an die Quelle als diese überfüllten Orte, wo man permanent abgelenkt wird. Nicht im Äußeren liegen die Antworten, sondern im Inneren.

Mein Blickwinkel auf das Ganze hatte sich so sehr verändert und mir wurde mit einem Mal klar wie sehr ich die Stille und die Natur zum Ausgleich benötige.

Mit dieser Erkenntnis kam ich zu Hazel und sie fühlte ähnlich.

Wir wollten uns zusammen eine Bleibe mehr außerhalb am Stadtrand oder einem kleinen Vorort suchen, doch dies gestaltete sich schwierig, wir fühlten uns ausgebrannt und so zogen wir auch keine kleinen Wunder an.

Schweren Herzens aber bewusst entschloss ich mich zurück in die kleine Großstadt, welche mir gegen München wie ein ruhiger Ort erschien, zurück zu gehen. Dort lebte ich damals in einem ruhigen Stadtteil und ich wusste und fühlte, dass ich dort wieder eine Wohnung bekomme, obwohl ich Leute kannte die schon ein halbes Jahr dort vergebens nach einer Wohnung suchten. Einige Zeit später ging ich zu meiner alten Vermieterin und innerhalb von 26 Minuten stand ich in meiner neuen wunderschönen hellen 2 Zimmer Wohnung mit Badewanne und Balkon, ohne Bewohner über mir, mit Blick ins Grüne neben einem ruhigen Park für einen Mietpreis für den ich in München wahrscheinlich nicht einmal ein WG Zimmer bekommen hätte. Von meinem Balkon aus konnte ich 50 Meter weiter mein ehemaliges Küchenfenster der Wohnung, in der ich damals lebte, einwandfrei sehen. Auf einmal erinnerte ich mich wie oft ich damals an diesem Küchenfenster saß und die Wohnungen ganz oben mit dem Balkon bewunderte und mir wünschte auch so einen Balkon zu haben. Schon damals also hatte ich mir diese Wohnung manifestiert. Was manifestieren wir uns jetzt gerade für die Zukunft?

10. Der nichts begreifende Verstand

Alles was ich wollte war Ruhe und Stille. Ich wollte nicht nur Stille, sondern sie war mehr als notwendig. Ich wollte mich einfach nur von der reizüberflutenden Wahrnehmung ausruhen und sie verstehen.

Es gelang mir nicht. Was passiert, ist manchmal einfach etwas, das wir mit dem Verstand nicht begreifen können. Universell, magisch, abnormal und rational höchstens durch die Quantenphysik, welche niemand von uns in der Schule gelehrt bekam, erklärbar ist. Ich fragte mich wo meine Euphorie, Lebenskraft und Motivation hin verschwunden ist. Hazel ging es genau wie mir und es war vielleicht ganz gut, dass wir räumlichen Abstand gewannen, so konnten wir uns gegenseitig nicht noch weiter in die Tiefe ziehen. Ich hatte gar keine Kraft mehr und war zu ermüdet um weiterhin darüber nachzudenken, genau dann realisierte ich:

Es gibt da etwas, das ist so viel größer und weiter als unser Verstand. Es gibt da etwas fernab von Raum und Zeit, was man weder sehen noch verstehen kann. Es gibt da eine Sprache, welche nicht aus Worten, sondern aus Schwingung besteht, deshalb ist Musik auch oft aussagekräftiger als tausend Worte oder auch ein einziger Blick eines Menschen, weil eine Schwingung ausgesendet wird, die wir unterbewusst oder irgendwann auch so wie ich bewusst empfangen.

Wir müssen gar nicht immer alles mit dem Verstand begreifen. Er ist lediglich ein Werkzeug, welches wir zwar gut gebrauchen können, aber nicht überbewerten sollten. Er sollte daher nicht durchgehend an sein, sondern auch mal auf standby geschaltet sein.

Wir sind nicht unser Verstand, aber wir glauben, weil wir glauben was wir denken, wir wären er und die Gedanken kämen von uns. Ich weiß nicht immer wie meine Gedanken gerade entstehen, von woher genau ich sie empfange, es gibt zu viele äußere Einflüsse, definitiv aber sind sie nicht von innen heraus erschaffen. Der Verstand ist lediglich ein Empfänger und Computer, der diese Einflüsse verarbeitet.

Wir sind unserem Verstand so verfangen, dass all die einzigartigen Augenblicke an uns vorbeiziehen ohne dass wir sie wahrnehmen. Wir vergeuden unser Leben in vom Verstand erschaffenen Illusionen. Angst und Sorgen entstehen nur, weil unser Verstand in der Zukunft ist, anstatt das Jetzt wahrzunehmen. Die meisten Sorgen verschwinden von selbst, wenn wir aufhören darüber zu grübeln.

Unser Verstand ist begrenzt, geprägt und konditioniert durch Erziehung, Umwelt und dem System, aber wir (und wir sind nicht unser Verstand) können diese Denkschranken durchbrechen. Das Leben beginnt, wenn wir aus unserer gedanklichen Komfortzone ausbrechen. Das bedeutet nicht, dass wir physisch in die weite Ferne reisen müssen (was aber natürlich auch sehr hilfreich sein kann), sondern, dass es ein innerlicher Prozess ist. So erwachen wir aus Illusionen wie Zeit oder Angst, in denen wir fast unser ganzes Leben schon verfangen sind. Immer wenn ich mich heute ängstlich fühle, schließe ich meine Augen und stelle mir vor ich sitze auf einer Wolke und sehe die ganze Welt im selben Augenblick von oben. Die veränderte Perspektive lässt mich realisieren, dass meine Probleme gar keine Probleme sind. Freiheit ist ebenfalls ein von der Gesellschaft missbrauchtes in der Bedeutung verändertes Wort, das die Menschen heute mit weiter Ferne oder weniger Pflichten verbinden, aber wirkliche Freiheit bedeutet frei vom Gedanken zu sein wir seien unsere Gedanken, sich vom Verstand zu lösen, seine Gedanken zu akzeptieren, aber sich nicht mit ihnen zu identifizieren. Du kannst dein ganzes Leben in einem Gedankengefängnis verbringen und fühlst dich dann auch in der ewigen landschaftlichen Weite und ohne Pflichten nicht frei, aber wenn du es schaffst auszubrechen wirst du erfahren was Gedankenfreiheit ist und dass sie die einzig wahre Freiheit ist und dann ist es ganz egal wo du physisch gerade bist und welche Tätigkeit du täglich ausübst. Es ist alles nur in unserem Kopf. Das Leben beginnt im Inneren und spiegelt sich nach außen wider. Nicht umgekehrt!

Wenn man aufhört die Dinge verstehen zu wollen und sie einfach lässt und vor allem zulässt, passieren immer mehr außergewöhnliche nicht mit dem Verstand erklärbare Dinge, die das Leben zur unbegrenzten Realität machen.

Wenige Wochen nachdem ich in meiner neuen Wohnung im alten ruhigen Stadtteil eingezogen war und diese Erkenntnisse aus den Erfahrungen herausziehen konnte, fühlte ich mich schon um ein Vielfaches besser.

Eines Abends dann gegen Mitternacht, als ich versuchte zu schlafen, erlebte ich auf ähnliche Art und Weise das, was ich zuletzt und soweit ich mich erinnere das einzigste Mal als siebenjähriges Mädchen erfahren habe.

Ich lag im Bett und merkte wie mein Körper zur Ruhe kam, mein Geist hingegen doch hellwach war.

Ich wollte mich bewegen, doch ich konnte nicht. Ich war wie versteinert, mein ganzer Körper war wie gelähmt. Mit einem Mal war ich über mir, ich sah mich selbst von oben herab regungslos mit geschlossenen Augen in meinem Bett liegen. Zugleich aber war ich noch in meinem Körper und kämpfte gegen diese Lähmung an.

Mit einem Mal gelang es mir, ich sprang schweißgebadet auf, holte voller Herzrasen tief Luft und schrie: „Was mach ich nur in diesem Menschenkörper?" Geschockt von dem was ich gerade gesagt hatte, blieb mir fast das Herz stehen. Ich plante nicht, das aus mir heraus zu schreien und dennoch kam es über mich und ich fragte mich wie ich auf das, was ich gerade vor mich hin schrie, kam.

Ich durchforstete das Internet und las von Astralreisen, von welchen ich vor einigen Jahren schon einmal hörte, aber diese, so wie all das Spirituelle, noch sehr belächelte.

Einige Wochen später hatte ich wieder die gleiche Lähmungsphase mit dem wachen Geist, welcher sich selbst von oben betrachtet, aber ich wusste bereits, dass es wieder eine Astralreise ist und habe einfach losgelassen. Ich flog dann fort, hoch hinauf bis ins Universum und mit Lichtgeschwindigkeit weit fort an anderen buntfarbigen Planeten vorbei bis ich irgendwann auf einem neongrünen Planeten landete und mir selbst begegnete, als würde es mich zweimal geben, eine Parallelperson in einer Parallelrealität auf einer Parallelwelt. Ich umarmte Mara Nummer 2 und in der nächsten Sekunde erwachte ich wieder in meinem Bett und die Verbindung war weg. Ich lag einfach nur im stockfinsteren Raum in meinem Bett und wusste, sowas kann ich mir nicht einmal in Träumen ausdenken. Ich habe es so hingenommen und wunderte mich ohnehin nicht mehr über die Dinge, die mir in den letzten Jahren so widerfahren sind.

Man könnte sagen ich begann mit 21 Jahren ein neues Leben. Ein Leben voller Wahrnehmung, Intensität und Gefühl. Ein Leben in einer anderen Realität. Ein Leben, das zwischen der Materie stattfindet. Ein Leben mit einem sechsten Sinn. Etwas unsichtbares Magisches, was sich in mein Leben schlich. Wenn du plötzlich aufwachst aus einem Art Traum nach so vielen Jahren und dadurch erst weißt was es wirklich heißt zu leben, das ist ein wahres zweites neues Leben, eine Reinkarnation. Für diesen erlebten Quantensprung gibt es keine Worte.

11. Der Spiegel

Irgendwann realisierte ich auch, dass wirklich unsere kompletten äußeren Umstände der Spiegel unseres Inneren sind.

Das Schlimmste ist, wenn die Menschen, so wie auch ich es früher tat, sich selbst in die Opferposition bringen, dann leiden sie.

Man denkt dann, man hätte ein hartes Schicksal und könnte nichts dafür. Klar gibt es Schicksalsschläge, die man vielleicht nicht unbedingt selbst in sein Leben gezogen hat, jedoch sind die meisten äußerlichen Umstände von uns selbst erschaffen.

Wenn du denkst, dich mag keiner, strahlst du diesen Selbsthass aus und wirst auch niemals wahre Liebe anziehen. Du wirst Menschen in dein Leben ziehen, die dich zu noch mehr Selbsthass bringen oder sich selbst auch hassen.

Es beginnt alles in unserem Kopf, in unseren Gedanken. Positive Menschen sind nicht positiv, weil ihnen so viele positive Dinge widerfahren. Nein. Sie selbst sind positiv und somit kommen auch die positiven Dinge zu ihnen.

Wenn diesen positiven Menschen Dinge widerfahren, die ein negativer Mensch als Strafe empfindet, sehen sie dennoch das Gute darin. Sie haben eine andere Perspektive, sie sehen die Welt durch einen anderen Blickwinkel.

Alles beginnt im Inneren. Wie innen so außen.

Der Moment, in dem du das Spiegelgesetz verstehst und dir über die Regeln des Lebens klar wirst, wird alles verändern. Ich sage nicht, dass es von jetzt auf gleich geschieht, es ist ein Prozess, wie jede andere Erkenntnis auch.

Du hast dein Leben in der Hand. Du kannst es steuern und deine eigene Realität durch Gedanken und Gefühle erschaffen.

Du kannst dein ganzes Leben lang versuchen die Dinge im Äußeren zu richten, doch dein Inneres wird dich immer und immer wieder einholen. Es beginnt alles in dir drin, deiner inneren eigenen Welt, die du vernachlässigst, wenn du an der Oberfläche schwimmst.

Früher dachte ich immer, ich müsste mich für alles rechtfertigen. Heute weiß ich, dass ich die Dinge einfach stehen lassen kann, ich muss mich nicht erklären und das letzte Wort haben, denn es ist mir gleichgültig, was andere über mich denken oder wie sie über mich urteilen. Wenn Menschen ein Problem mit uns haben, hat das nichts mit uns zu tun, wir sind lediglich ihr eigener Spiegel. Das Problem liegt bei ihnen selbst, in ihrem Inneren.

Wir können anfangen zu verstehen, dass Menschen die uns verurteilen oder kritisieren dies nicht tun, weil wir schlecht sind. Wusstest du, dass das Verhalten anderer absolut nichts mit dir zu tun hat? Wusstest du, dass du lediglich der Spiegel bist um in ihnen ein Gefühl entstehen zu lassen? Was Menschen an dir lieben oder hassen ist ihr eigener Spiegel, welcher stark reflektiert. Dinge im Äußeren zu erkennen ist immer einfacher als nach innen zu tauchen. Die Fehler, die Menschen in dir sehen, tragen sie selbst in sich. Das Gute, was sie an dir lieben, tragen sie ebenfalls in sich. Das Problem befindet sich immer bei dem, der urteilt. Wenn du es schaffst dich zu befreien, verstehst, dass die Urteiler die Leidtragenden sind, wird dich diese Kritik nicht mehr annähernd berühren. Ich wünsche mir, dass sich alle unzufriedenen Kritiker eines Tages davon lösen, indem sie aufhören im Äußeren zu suchen und den Widerstand in ihnen selbst auflösen. Der Blick muss vom Äußeren ins Innere wandern. Das Ding ist, dass du diese Konflikte höchstens wegschieben kannst, aber sie werden dich immer und immer wieder verfolgen, in Lichtgeschwindigkeit einholen. Sie werden sich niemals in Luft auflösen. Du hast die volle Verantwortung. Wenn du es schaffst deine inneren Konflikte zu lösen, hast du es geschafft, dich zu erlösen. Dann wirst du Dinge nur noch beobachten ohne dass durch deine Gedanken eine Wertung entsteht. Du kannst keinen Hass mehr empfinden, keinen Widerstand. So gelangst du in deine Mitte, dort herrscht Zufriedenheit und Liebe – bedingungslose Liebe. Das ist Gedankenfreiheit, die einzig wahre Freiheit

12. Licht und Schatten

Zum einem gibt es da diese magischen Höhenflüge voller Liebe, Glück und Motivation, wo wir abheben und über den Wolken schweben, zum anderem folgen dann die Abstürze aus den besagten Höhenflügen, welche uns einige Zeit außer Gefecht setzen. Das Leben ist ein ständiges lebendiges Pulsieren, eine Berg- und Talfahrt in dem Stillstand nicht von Existenz ist. Stillstand ist der Tod.

Wenn wir irgendwann einmal begreifen,

dass die Abstürze genauso wertvoll sind wie die schwebenden Zeiten, dass wir ohne die Zeiten ganz unten die Zeiten ganz oben nicht erkennen, dass wir ohne Winter den Sommer nicht schätzen, dass wir ohne Dunkelheit noch keinen einzigen leuchtenden Stern am Himmel gesehen hätten, dass wir ohne Schmerz kein Wohlbefinden erkennen, dass Schatten nur sein kann wo auch Licht ist, dass ohne Regen keine Blume wächst, dass ohne Tiefs kein Mensch reift, dass wir ohne Krankheit gar nicht wüssten welchen Wert Gesundheit hat,

bleibt unendliche Dankbarkeit.

Polarität ist wie die Anziehungskraft eine der stärksten Naturgesetze.

Weitere Beispiele der Polarität sind:

- hell und dunkel

- groß und klein

- innen und außen - hoch und tief

Ohne dem einem gäbe es das andere nicht. Gäbe es nichts großes, wüssten wir nicht was klein bedeutet.

Gäbe es kein außen, wüssten wir nicht was innen bedeutet

Gäbe es kein hoch, wüssten wir nicht was tief bedeutet.

Und vor allem: Gäbe es keine „negativen" Erfahrungen, wüssten wir nicht wie sich Glück anfühlt.

Das eine braucht das andere. Um eine Wippe auszubalancieren braucht es auch zwei Menschen.

Ich jobbte anfangs in der kleinen Großstadt wieder im Verkauf um meine Wohnung und meinen Lebensunterhalt finanzieren zu können. Bei Weitem aber machte es mir nicht so viel Spaß wie im veganen Laden in München, wo ich mich mit dem Lebensstil identifizieren konnte. Zudem war ich alleine im Geschäft, was auf der einen Seite gut war, da ich ab und zu Zeit für die Schriftstellerei fand, zum anderen aber drohte ich zu vereinsamen, da in den Wintermonaten auch kaum Leute die Boutique betraten.

Zudem kam, dass das Gehalt gerade so zum Überleben reichte, auch nur, weil ich ohnehin Minimalist war. Das Einzige wofür ich Geld ausgab war meine biologische Nahrung.

Ich sehnte mich danach wieder auf eine Reise hin zu sparen und mir war klar, dass ich höhere Einnahmen benötigte. Ich hatte mich für einige Vollzeitstellen in meinem erlernten Beruf beworben. Ehe ich einen neuen Job hatte, buchte ich im Februar voller Vertrauen einen günstigen Flug nach Florida für September. Mittlerweile wusste ich ja wie das mit der Anziehung funktioniert.

Ein Vollzeitjob. Ja, ihr habt richtig gelesen und ich weiß, dass ich dies niemals wieder machen wollte.

Wie überzeugt wir doch manchmal sind und glatt unser Versprechen abgeben. Wir sagen „für immer" oder „nie wieder" und im Laufe des Lebens widersprechen sich die Dinge.

Genau genommen, sah ich keine andere Möglichkeit um schnell an gutes Geld zu kommen. Ich entschied mich nach einer halbjährigen befristeten Stelle zu suchen und danach direkt los zu reisen. Leider gab es zu der Zeit keine freie Stelle in der Waldorfschule, womit ich mich am ehesten noch hätte identifizieren können und somit nahm ich eine Vollzeitstelle in einer katholischen Einrichtung an. Mit vollem Bewusstsein, dass dies nicht leicht werden würde, ging ich an die Sache ran. Ich wusste ich werde vermutlich leiden und an meine Grenzen kommen, andererseits wollte ich auch positiv bleiben und mir nicht vorher schon alles schlecht reden, also wartete ich erst einmal meinen ersten Arbeitstag ab.

Dann war es so weit, ganz neutral ohne jegliche Vorurteile trat ich meinen allerersten Arbeitstag an. Ich redete mir sogar ein, dass es vielleicht ganz gut werden könnte.

Fazit: Ich war erschlagen. Ja, ich war regelrecht erschlagen von meinem aller ersten Arbeitstag. Ich wusste ja, dass es etwas laut werden würde, vor allem, weil ich auch nicht mehr so abgestumpft und benebelt war wie Jahre zuvor in meinem Leben. Meine Sinneswahrnehmung hatte sich in den letzten Jahren unter anderem auch durch die relativ saubere Ernährung verschärft. Als ich nachhause kam saß ich zwei Stunden in Stille in meiner Küche, überreizt mit zittrigen Händen und hätte weinen können, weil ich so eine Sensitivität und Sensibilität mit mir trage. Ich redete mir ein, es würde leichter werden, wenn ich mich erst einmal wieder daran gewöhne. Nachdem sich die erste Woche zum Ende neigte, verspürte ich unglaubliche Kopfschmerzen. Es waren keine normale Kopfschmerzen wie ich sie kannte, es war eher wie eine Art Muskelkater im Gehirn. Es fühlte sich an als wären meine Nerven entzündet. Zudem bekam ich Halsschmerzen und hatte einen Kloß im Hals. Trotzdem riss ich mich zusammen und startete in die zweite Woche, am Mittwoch hatte ich solch Kopfschmerzen, dass ich das erste mal nach Jahren zu einer Kopfschmerztablette griff, weil ich sonst nicht in der Lage gewesen wäre, den Arbeitstag anzutreten. So ganz im Reinen war ich nach dieser Aktion nicht mit mir, hatte ich doch gedacht, dass ich die weißen Pillen nie wieder anrühren werde. Unglaublich wie schnell ich in alte Verhaltensmuster zurück fiel und die Arbeit vor meine Gesundheit stellte. Im Hinterkopf auch dieser Druck, dass ich Geld brauche um mich während meines zweimonatigen Florida Aufenthalts finanzieren zu können.

Es war kein toller Job. Ich war als Springerin eingestellt, was bedeutet, dass ich durch vier verschiedene Gruppen sprang, täglich woanders. Ich hatte keine festen Aufgaben, war lediglich 40 Stunden die Woche als Betreuung für das Kind da. Die Kinder waren sehr laut, die Gegend bestand aus zig Sozialhilfewohnungen, die Zimmer waren viel zu klein für all die Kinder und raus gingen wir höchstens am Nachmittag mal eine Stunde. Die Kolleginnen waren leider sehr manipuliert und konservativ eingestellt. Mittags musste ich das Fleisch für die Kinder zurecht schneiden und dass ich vegan lebe, wollte ich gar nicht erst erwähnen, das wäre für meine Kolleginnen wohl so gewesen, als hätte ich ihnen erzählt, ich komme gerade vom Mars angereist. Die Kinder mochten das Fleisch nicht sonderlich, meine Kollegin hingegen erzählte ihnen, dass nur der, der Fleisch isst auch groß, stark und gesund werden kann. Meine Zeiten des Helfen wollens waren längst vorbei. Menschen, die nicht aufwachen wollen, kann man nicht aufwecken. Ich schwieg, nahm hin, blieb ganz bei mir.

Wochen vergingen, die Überreizung nahm kein Ende und das Schlimmste war wieder einmal gegen meine innere Wahrheit zu leben. Ich entfernte mich Tag für Tag mehr von mir selbst und wurde immer unzufriedener und mein inneres Kind wurde immer wütender auf mich, dass ich ihm das antue. Es war so verletzt und enttäuscht. Das Schlimmste an allem war wohl nicht der Job selbst, sondern die Tatsache, dass ich mich selbst dazu zwinge. Denn da war die Sache mit der geplanten Reise... und die eingeprägte Moral, die sagte „Du musst. Jeder muss. Das ist das Leben. Lauf nicht davon." Es fiel mir sehr schwer mich noch aufrichtig im Spiegel anzusehen.

In meinem Kopf aber stellte ich mir immer und immer wieder die Frage, ob es wirklich ein Weglaufen, ein Aufgeben wäre, wenn ich diesen Job beende. Ich sah das Ganze aus verschiedenen Blickwinkeln. Laufe ich nicht eher weg, wenn ich nicht meinem Herzen folge? Was ist richtig und was ist falsch? Mal wieder war ich so verwirrt und VERSTAND einfach gar nichts mehr.

Was sich stark in mir einprägte war dieses Erlebnis als ich zusammen mit den Vorschulkindern ihre zukünftige Schule besuchte um dort in einer Schulstunde der Erstklässler zu schnuppern. Während die Kinder neben die Erstklässler im Klassenzimmer verteilt wurden und ich ganz hinten im Eck Platz nahm wurde mir ganz anders. Umzingelt von diesen Mauern und Fenster gab es nur so weit oben im Raum, dass man nicht einmal mehr die Welt da draußen sehen konnte, so wie ich es damals in meiner Schulzeit tat. Aneinander gereiht saßen die jungen Wesen an ihren Tischen. Als sie einen Arbeitsauftrag bekamen fing der Junge bei mir hinten in der letzten Reihe an mit mir zu sprechen, während er gerade etwas ausschneiden musste. Er erzählte mir, dass er einige der Vorschulkinder kennt. Ich fragte den Jungen wie er es in der Schule denn so findet. Er starrte mich an und sagte „Schön" und ertappte sich eine Sekunde später gleich, schüttelte den Kopf, holte Luft und korrigierte „Naja, nicht so gut. Es dauert immer so lange und am Nachmittag muss ich immer Hausaufgaben machen und kann nicht mehr Fußball spielen. Ich freue mich, wenn ich groß bin und mit der Schule fertig bin." ER sah mich ganz ängstlich an, als hätte er Angst ich würde seine Antwort nicht dulden. Ich lächelte im nur zu.

Dieses „Schön" was zuerst aus seinem Mund kam war wohl antrainiert und genau das was immer alle hören wollten. Es war das was man ihm immer erzählt hatte bevor er in die Schule kam. Ich sagte zu ihm, dass ich es verstehen kann, dass er es nicht so gut in der Schule findet und er lächelte mich an. Wohl hat er noch nie so eine Antwort von einem Erwachsenen gehört.

Niemand kommt schlafend auf die Welt. Alles was wir brauchen, all die innere Weisheit tragen wir seit unserem ersten Atemzug auf Planet Erde bereits in uns. Wir sind ausgestattet mit einer kraftvollen Intuition. Die äußeren Einflüsse und die Prägungen umschichten unseren allwissenden vollkommenen inneren Kern, sodass wir im Laufe des Lebens die Verbindung zu dieser Quelle verlieren. Das größte Geschenk was wir haben wurde in den Jahren mehr und mehr verpackt, wir wissen im Bewusstsein schon gar nicht mehr was unter den zig Schichten Geschenkpapier verborgen ist. Wir erinnern uns im versetzten Dämmerzustand nicht mehr daran. Es ist alles hinab gerutscht in unser Unterbewusstsein. Wir werden geformt und ja wir werden manipuliert und zu Gunsten des Systems programmiert. Zudem werden wir mit Industriekost vergiftet, mit Gluten vernebeln wir unsere Sinne. Wir nehmen Hormone zu uns durch Tierprodukte, sie sind sogar schon im Trinkwasser.

Dieser kleine Junge war nicht glücklich in seinem präsenten Zustand, was ihn in ein Warten versetzte. Das Warten sorgte dafür, dass er den augenblicklichen Moment nicht annehmen konnte und in der illusorischen Zukunft lebte, somit war er nicht mehr wach im Hier und Jetzt und fiel in eine Art Koma.

Meine innere Wehr dem System noch länger Kraft zu geben indem ich mich füge, wurde immer stärker und brachte mich an meine Grenzen. So sehr ich auch litt, mir war klar, diese Erfahrung ist wie ein Wetzstein, der mich zum Diamanten schleift. Dennoch war es schwer Stand zu halten, auszuhalten, durchzuhalten

„Wie hatte ich es damals geschafft?" Diese Frage stelle ich mir laut in meinem Kopf, als ich am Sonntagabend nach einem Familienbesuch im Zug zurück in meine Stadt fuhr, um am Montagmorgen wieder pünktlich anzutreten. Ich fand erst keine Antwort, aber dann kam sie...

Die Antwort war ich hatte das Licht noch nicht gesehen. Ich fühlte mich als hätte ich in den letzten Jahren ein weiteres Nahtoderlebnis gehabt und dadurch das Paradies gesehen. Etwas, das man sich gar nicht vorstellen, geschweige denn erfühlen kann, wenn man es nicht selbst erlebt hat. Ich hatte damals ein Licht erfühlt, die Schwingungen gingen über das Erdenleben hinaus. Ein Fluch und Segen zugleich. Im Moment wohl eher ein Fluch, da ich in der untersten Erdschicht, dem System, integriert bin, so dachte ich. Ich litt Wochen dahin, ich war so traurig, so eingesperrt in der tiefen Schwingung.

13. Loslassen

Wichtig ist, dass wir die schlechten Gefühle zulassen, denn nur dann werden sie sich transformieren.

Nach Wochen des Leidens und der inneren Wehr bekam ich Tinnitus, eine Art Berufskrankheit. Die Sache mit dem Job hatte sich somit von alleine erledigt und sobald ich da raus war gesundete ich schnell wieder. Ich lebte mit dem Job erneut gegen meine innere Wahrheit, musste diese Erfahrung aber dennoch nochmal machen. Die Dinge werden sich so oft wiederholen, wir werden sie so oft anziehen bis wir aus ihnen lernen.

Ich fragte mich immer und immer wieder was ich wirklich will, wo ich hin möchte und warum ich hier auf dieser Welt bin. Ich betete nach oben zum Universum. Immer und immer wieder stellte ich mir diese Fragen und ich wusste, dass ich sie nur in mir finden kann.

Ich wusste an diesem Punkt bereits was ich alles nicht will, aber nicht was ich will.

Ich ließ los und ich verschmolz mit dem Sein. Die Antworten, sie kamen tatsächlich.

Wer war ich? Wer bin ich? Wer will ich werden?

Es geht nicht darum etwas zu werden, sondern darum (etwas) zu sein, was wir ohnehin schon wären, aber wir lassen es nicht zu, weil wir glauben, wir müssten etwas werden um Erfüllung zu finden. Alles was wir brauchen tragen wir seit unserem ersten

Atemzug auf Planet Erde bereits in uns. Wir werden geboren und wir sind vollständig. Im Laufe der Zeit aber verlieren wir die Verbindung.

Wenn wir unsere Augen für die wesentlichen Dinge wieder öffnen würden und die richtige Bedeutung von Wörtern erkennen würden.

LASSEN, was für ein umfassendes Schlüsselwort. Könnten wir unsere Geschichte dem Fluss des Lebens einfach mal überLASSEN. Könnten wir doch endlich anfangen zu vertrauen und in den Kopf bekommen, dass wir uns auf das Universum wirklich verLASSEN können.

Könnten wir die Illusionen einfach nur wegLASSEN und die Realität wahrnehmen und beLASSEN wie sie ist.

Könnten wir den Widerstand einfach sein LASSEN.

Könnten wir einfach nur losLASSEN.

Wer loslässt, bekommt einen Teil von sich selbst zurück und ist wieder vollkommen.

Ich erinnerte mich zurück an das was ich bereits immer war. Ich war bereits schon immer ein feinfühliges, poetisches, mutiges Mädchen, das nicht mehr als Stift und Papier brauchte, um ihre Leidenschaft auszuleben. Als Kind schon schrieb ich lange Geschichten, ich schrieb zig Tagebücher und lange Briefe an das Leben, welche ich im Feuer verbrannte. Schon immer war das Schreiben alles für mich und ich wollte Menschen helfen, Menschen motivieren, eine bessere Welt schaffen. Ich schreibe nun wieder sehr viel, arbeite an Hörbüchern und habe nicht vor wieder aus Angst zurück in die Sklaverei zu gehen. Ich glaube an mich, ich glaube so sehr an mich und sehe die ersten Berge versetzen.

Selten traf ich Menschen, die nicht auf der Suche waren. Sei es der passende Partner oder ein Ort. Die Suche jedenfalls entsteht immer aus dem Gefühl der Unvollkommenheit des eigenen Seins. Aus Unvollkommenheit wird Unzufriedenheit und Unzufriedenheit ist immer ein Mangel des Bewusstseins. Das bedeutet in meiner Sprache, dass zu viele Dinge, die wichtig wären sie sich bewusst zu machen, nach unten ins Unterbewusstsein gerutscht sind und gerade nicht abrufbar sind. Dass ein anderer Mensch oder anderer Ort das Glück ausfüllen kann, ist eine große Illusion. Und ob diese Suche bewusst oder unbewusst stattfindet, das sei mal ganz dahin gestellt. Die Illusion, dass Dinge, die wir haben könnten, uns Vollkommenheit verschaffen. Nichts was man „haben" kann, stillt die Suche, denn „haben" ist ebenfalls eine Illusion, um Angst zu minimieren. Die meisten Beziehungen zerbrechen früher oder später, weil kein Mensch auf Dauer in der Lage ist, dich zu füllen. Wahre Liebe ist frei und bedingungslos und eine Reflexion deiner Selbstliebe. Dass man keinen Entwicklungspart im Leben überspringen kann, sorgt früher oder später für Rückschläge. Es sind klare Zeichen. Genauso ist es eine Illusion, dass mehr Geld mehr Glück verschafft, wenn du damit verbindest etwas zu „haben" oder es gegen weitere materielle Sachen, die du „haben" willst, eintauscht. Geld, das ist dieser erfundene Schein der Matrix, der die Menschheit regiert und steuert bis zum Rande des Wahnsinns. Auch kein Ort kann deine Unvollständigkeit ausfüllen, vielleicht kurz, aber irgendwann endet jede Illusion. Die Suche im Äußeren ist ein unendliches Labyrinth OHNE Ausgang.

Unvollkommenheit ist die Abtrennung zu deiner eigenen Wahrheit, Seele, Quelle oder wie auch immer du es nennen magst. Im Laufe der Zeit hast du die Verbindung verloren.

„Can you remember who you were before the world told you how you should to be?"

~Unknown

Die heutige Zeit hält uns auf Trab, wir sind den Reizüberflutungen, dem System – kurz gesagt der Matrix – ausgeliefert.

Wir werden tagsüber in Gebäude verräumt, um unsere „berufliche" (ursprüngl. Berufung) Tätigkeit auszuüben, mit einer Geräuschkulisse überschüttet und von den Medien geformt. Die Leute glauben an Hollywood bzw. wurden unbewusst geprägt. Wer warst du als all dies dein Leben noch nicht beherrschte? Was wolltest du sein und wo wolltest du hin? Wie hast du gefühlt, wie klar hast du die Bäume wahrgenommen, als du als kleines Kind an ihnen vorbei bist? Wie scharf war dein Blick für die kleinen, aber doch so großen Dingen im Leben? Was hast du gefühlt?

Es geht nicht um die Suche und den Besitz von Geld und Menschen. Es geht nicht um das Haben, es geht um das Sein. Es geht nicht um die Suche, es geht um die Erinnerung. Du trägst alles was du brauchst in dir. Es geht nicht darum die Welt zu bereisen (was aber natürlich auch viel Erwachen bringt), es geht um die Reise in deine innere Mitte. Alles was du „haben" kannst, ist dir nicht sicher, es kann dir morgen weggenommen werden, es ist ein äußeres Objekt, kein Teil von dir. Alles was du sein kannst, bleibt dir. Dies kann dir nichts und niemand entreißen. Du bist bereits ein vollkommenes Wesen, welches darauf wartet sein volles Potenzial zu entfalten. Fange an dich zu erinnern, mache dir bewusst wie viel künstlich Erschaffenes um dich herum ist. Befreie dich aus dem Gedankengefängnis und entfalte dein Bewusstsein, hole die Dinge hervor, die du in dir trägst, entmantele deine innere Welt von der Äußeren. Der kraftvolle Kern ist innen. Es gibt so viel mehr, als das was du mit dem bloßen Auge sehen kannst. Es gibt so viel mehr, als das, was man dir immer erzählt hat. Es gibt so viel mehr, als das, was man dir erlernt hat. Du bist die Quelle, vollkommen, entferne dich aus der Tiefe, steige auf und betrachte die Welt von oben, sieh das Gesamtkonzept, das Gesamtbild und du wirst bemerken, dass deine Gedanken wahren Illusionen verfangen waren. Das Leben ist ein ständiges lebendiges Pulsieren und jeder Moment ein Geschenk, den du vergeuden oder nutzen kannst. Vergeude deine Zeit nicht in einer Illusion, erwache, sieh die Welt wie sie wirklich ist. Verlasse deine Komfortzone und überzeuge dich selbst, hinterfrage alles, vertraue dir und deinem Gefühl, es ist der Kompass, das GPS deiner Seele. Gedanken sind grenzenlos, Gedanken erschaffen Realitäten. Ändere dich und dein Leben ändert sich. Suche nicht im Äußeren, erinnere dich an dein Inneres. Du bist auf nichts und niemanden angewiesen und egal wo du jetzt gerade bist, du kannst immer und überall den Zugang zu deinem wahren Selbst finden, welches dich erinnert, wer du wirklich bist und dir den Weg weist in einer Form, die man nicht sehen, aber fühlen kann.

Ich habe nicht da draußen gearbeitet um Freiheit zu erlangen, sondern tief in mir drin. Jeder kann das, wenn er es will. Wie innen so außen. Alles wird sich fügen. Vertraue.

Und schon alles was jetzt gerade geschieht, wie auch alles Vergangene, ist Teil dieser einzigartigen für dich organisierten Fügung. Ganz egal wie die Dinge gerade scheinen, ganz egal was passiert ist. Es können Wunder daraus entstehen, die ahnen wir heute noch nicht, wenn wir es zulassen und loslassen. Wenn wir aufhören die Augen zu verschließen, sie öffnen, erkennen, dass die Pforten längst geöffnet sind. Erlebnisse können so vielfach aufgefasst werden und es liegt ganz allein an uns aus welcher Perspektive wir diese betrachten, ob wir im Nebel stecken bleiben oder die verborgene glasklare Schönheit des pulsierenden Lebens dahinter erkennen. Überall begegnen uns diese deutlichen Wegweiser, wir selbst sind es, die entscheiden, ob wir unser restliches Leben fremdgesteuert mit dem Tunnelblick an ihnen vorbei spurten oder ob wir im augenblicklichen Moment anhalten, der uns und all diese wahrnehmen und erfassen lässt. Deine Umstände des Lebens sind der Spiegel deines Seins und jeden Tag aufs Neue die Chance zu lernen aus dem richtigen Blickwinkel zu sehen.

Wir sind alle Experten und Künstler auf unterschiedlichste Art und Weise. Das Einzige was du benötigst um deine Leidenschaft zu deiner Berufung zu machen oder das Leben so zu leben wie du es möchtest ist das Verlassen deiner Komfortzone, Vertrauen und **MUT**.

P.S.: Es gibt keine Zufälle.

"...meine innere Welt in die Menschensprache übersetzen" ✓